PROLOGUE

に

税理士試験の簿記論は、他の科目と異なり２時間の計算問題が出題されていることから、その出題範囲は広く、多種多様な処理を理解していなければ合格を勝ち取ることはできません。

近年の出題傾向を考えると、仕訳力だけでなく勘定記入や集計による試算表を作成する力が簿記論を合格するにあたって必要なのです。多くの簿記論の受験生はこの点に気付かないまま学習を進め、仕訳力を身に付けただけで安心してしまい、勘定記入や集計力を養う練習がおろそかになってしまう事実があります。

そこで仕訳力を養うということはもちろん、勘定記入や試算表作成による集計力を養うという目的により「個別計算問題集」を作成しました。完全に理解することができるようになるまで毎日解答して欲しいと思います。

簿記論の学習は、総合問題の演習が中心になりがちです。ここでもう一度個別問題を練習することにより総合問題の中での理解が深まり、それにより得点が上がることが「個別計算問題集」の本来の使命であると思います。学習を進めていく上で、この一冊により、少しでも受験生の方々が簿記論を好きになり、高得点を出せるようになって欲しいと我々講師一同切に願って止みません。

なお、本書は2024年５月１日現在の施行法令に基づいて作成しております。

資格の大原　税理士講座

Subject.1

税理士試験の合格に必要な計算項目を網羅

この問題集には、過去の試験傾向及び出題実績を徹底分析することにより、税理士試験の合格に必要な出題頻度の高い基本項目及び出題頻度は低いが過去に出題実績のある応用項目等の問題を織り込んでいます。

この問題集の学習項目を習得することにより税理士試験を合格する上で必要な知識を身につけることができます。

【簿記論　個別計算問題集の例】

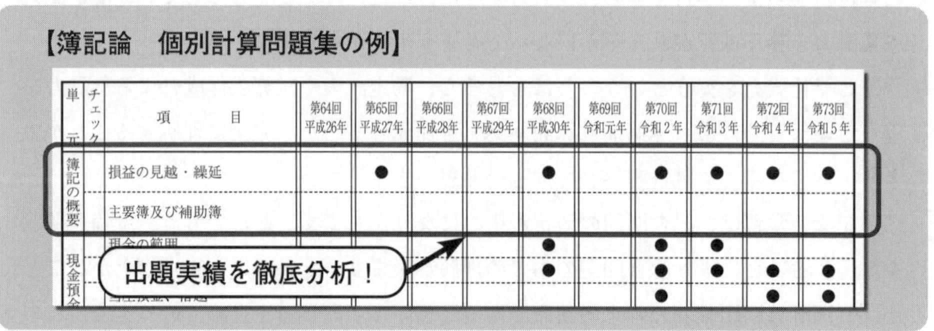

単元	チェック	項目	第64回 平成26年	第65回 平成27年	第66回 平成28年	第67回 平成29年	第68回 平成30年	第69回 令和元年	第70回 令和２年	第71回 令和３年	第72回 令和４年	第73回 令和５年
簿記の概要		損益の見越・繰延		●			●		●	●	●	●
		主要簿及び補助簿										
現金預金		現金の範囲					●		●	●		
		[illegible]					●		●	●	●	●
		当座預金・借越							●		●	●

出題実績を徹底分析！

Subject.2

過去の税理士試験の出題実績に基づいた効率的な学習が可能

過去試験問題を徹底分析することにより税理士試験での出題実績等を考慮し、A、B、Cのランクを付けてありますので、「A→B→C」の順で学習を進めることにより、合格を勝ち取るための効率的な学習をすることが可能です。

【簿記論　個別計算問題集の例】

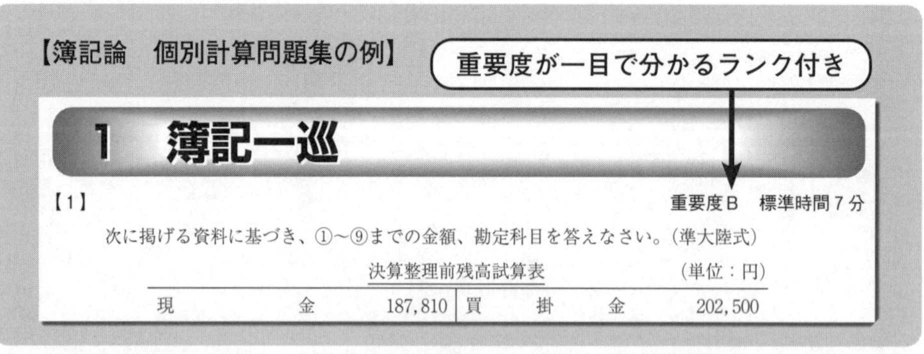

重要度が一目で分かるランク付き

1　簿記一巡

【1】　　重要度B　標準時間７分

次に掲げる資料に基づき、①～⑨までの金額、勘定科目を答えなさい。（準大陸式）

決算整理前残高試算表　（単位：円）

現金	187,810	買掛金	202,500

Aランク…基本項目であり合格に最低限必要な項目（出題実績が多い項目）
Bランク…応用項目のうち過去に出題実績のある項目
Cランク…応用項目のうち過去に出題実績が極端に少ない項目及び出題実績はないが出題が想定される項目

Subject.3

重要論点のまとめを掲載

問題編の前に各論点のまとめを収録しています。問題を解答する前に、各論点のポイントを確認することが可能です。

【財務諸表論　個別計算問題集の例】

各論点のポイントを掲載！

各項目が一目で分かる

第１回　財務諸表等・その他の基本項目

■関係会社に対する金銭債権・金銭債務

1．独立科目表示

（単位：千円）

Ⅰ 流動資産		Ⅰ 流動負債	
受取手形	8,000	支払手形	5,000
関係会社受取手形	2,000	関係会社支払手形	3,000
短期貸付金	4,000	Ⅱ 固定負債	
関係会社短期貸付金	1,000	長期借入金	2,500
		関係会社長期借入金	1,500

Subject.4

個別問題集で段階的に能力アップ

本問題集をご活用いただくことにより仕訳する能力、集計する能力、読解する能力、処理スピード能力が身に付きます。

Point.1

効果的な使用方法

STEP.1 Aランクからスタート

各問題には、A、B、Cランクが付けられています。まず初めにAランクの問題を解答し、Aランクの項目を習得した後にBランク、Cランクと順次解答するようにして下さい。

なお、Bランク及びCランクの項目については、数年に一度出題される可能性がある項目であり、税理士試験を確実に合格するために身に付けたい項目となります。

STEP.2 できるまで繰り返し

各問題には、解答時間の目安を記載していますので標準時間内に正答できるようになるまで反復して練習しましょう。

STEP.3 チェックリストで管理しよう

チェックリストのチェック欄には、日付、問題の出来・不出来等を記入することにより計画的な学習、弱点項目の把握ができます。

【財務諸表論　個別計算問題集の例】

解答日や出来をメモしておこう

		問題番号	重要度	問題頁数	解答頁数	内　　容	チェック		
第1回	財務諸表等・その他の基本項目	問題1	A	P.34	P.162	個別注記表の内容			
		問題2	A	P.36	P.163	独立科目表示、注記(科目別、一括)			

Point.2

応用項目へのステップアップするための効率的な学習が可能

本書及び総合計算問題集（基礎編）を利用することにより、税理士試験の合格に必要な基本項目を効率的に身に付けることができます。

基本項目を身に付けた後は、近年の税理士試験の出題実績を踏まえた難易度の高い応用項目を収容した総合計算問題集（応用編）を解答することにより税理士試験の合格に必要な解答方法を身に付けることができます。

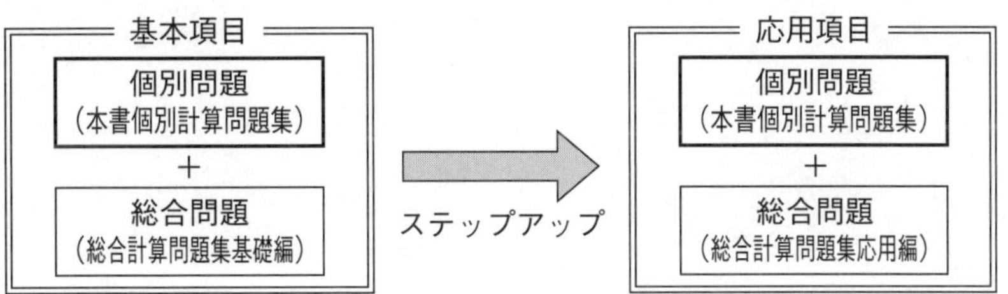

Point.3

資格の大原書籍販売サイト 大原ブックストアをチェック！

法改正や書籍の新刊発売予定など、学習に欠かせない情報をWebで確認できます。
ぜひ一度アクセスしてみて下さい。

https://www.o-harabook.jp/

資格の大原書籍販売サイト 大原ブックストア

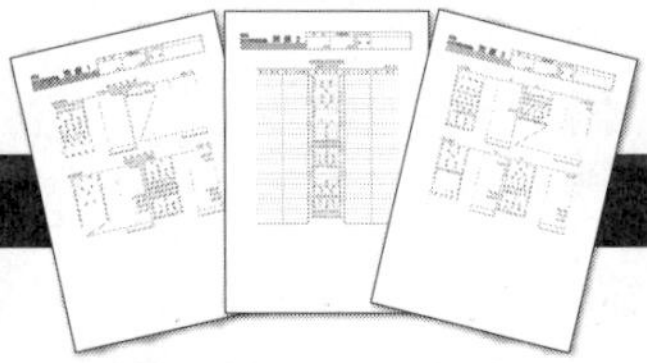

解答用紙・チェックリストがダウンロードできる！

印刷して、解き直しやチェックリストにご利用いただけます。
※一部の教材を除く

1. トップページから「解答用紙DLサービス」➡「ダウンロードはこちら」をクリック
2. 「税理士」からダウンロードする書籍名をクリック
3. 印 刷

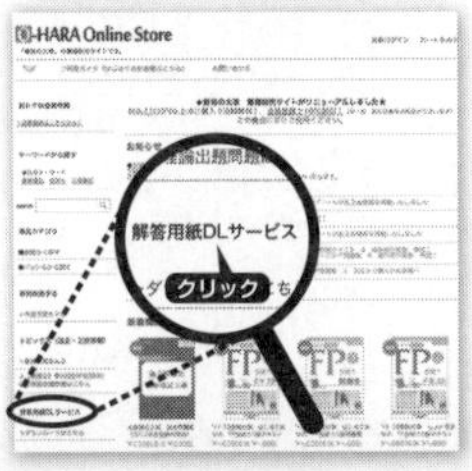

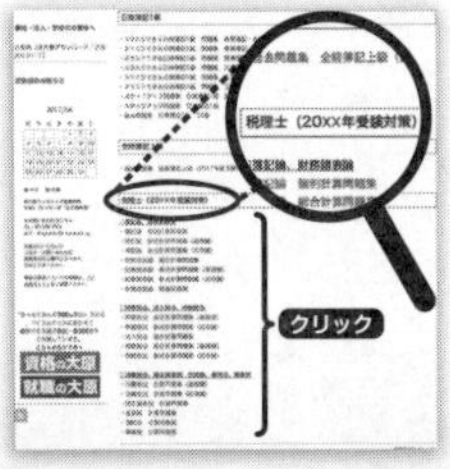

O-HARA Online Store
解答用紙DLサービス
クリック
税理士【20XX年受験対策】
クリック

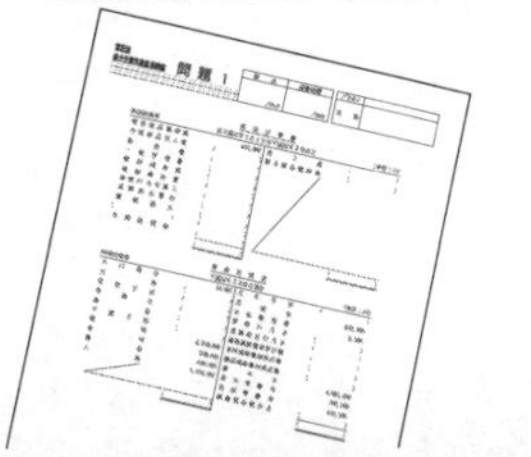

法令等の改正に対応！

改正時には、大原ブックストアで本書掲載内容に関する法改正に伴う修正を公開します。
改正後の問題や解答をいち早くキャッチできます！！
また、細心の注意を払って作成しておりますが、
万が一、訂正が生じた場合には正誤表も合わせて掲載いたします。

1. トップページから「トピックス(改正・正誤情報)」➡「最新情報をみる」をクリック
2. 「税理士」の項目から書籍名を確認して、【改正表】をクリック
3. 印刷できます

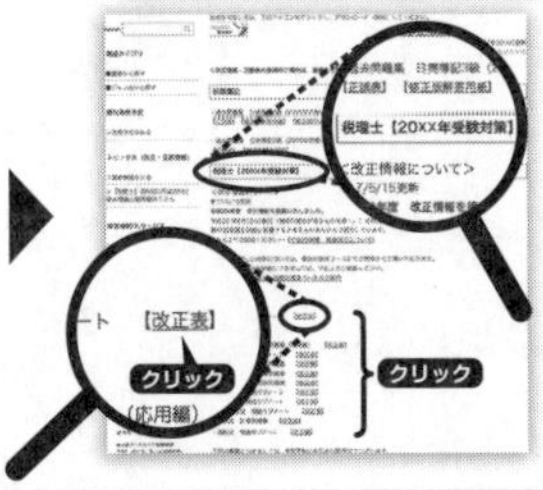

O-HARA Online Store
トピックス（改正・正誤情報）
>最新情報をみる
クリック
【正誤表】
税理士【20XX年受験対策】
<改正情報について>
【改正表】
クリック
（応用編）
クリック

□第一問・第二問出題項目一覧

	第一問		第二問	
	解答要求	出題内容(主な論点)	解答要求	出題内容(主な論点)
第64回	問1 【金額算定】 問2 【金額算定】 【仕訳】	特殊商品売買(記帳方法含む) ・割賦販売、委託販売、未着品売買、受託販売 本支店会計(在外支店) ・為替差損益及び当期純利益 為替予約 ・予定取引に係るヘッジ会計	問1 【金額算定】 【理論】 問2 【金額算定】	商品売買 ・売上帳と総記法及び分記法の場合の勘定との関連 純資産会計(株主資本等変動計算書) ・自己株式、その他有価証券、剰余金の処分 ・企業結合(合併)
第65回	問1 【仕訳】 問2 【仕訳】	建設業会計 ・工事進行基準、原価比例法 ストック・オプション会計 ・一連の流れ	問1 【金額算定】 問2 【仕訳】 【金額算定】 問3 【金額算定】	会計方針の変更 ・前期の財務諸表の修正 純資産会計 ・剰余金の処分、自己株式の取得及び処分 ・企業結合(合併、新株及び自己株式の交付) ・圧縮積立金の積立 分配可能額の計算 ・自己株式の取得及び処分 ・のれん等調整額
第66回	問1 【仕訳】 【金額算定】 問2 【仕訳】	商品売買(記帳方法含む) ・払出単価の決定方法 ・総記法、3分法、売上原価対立法 税効果会計 ・連年 ・永久差異 ・税率変更	問1 【仕訳】 問2 【仕訳】 問3 【仕訳】	リース会計 ・所有権移転外ファイナンス・リース取引 ・セール・アンド・リースバック取引 市場販売のソフトウェア ・支出の分類 ・減価償却(見積もりの変更) ・ソフトウェア減損損失 資産除去債務 ・将来キャッシュ・アウトフローの見積 ・将来キャッシュ・アウトフローの見積の変更(増加)
第67回	問1 【仕訳】 【金額算定】 問2 【金額算定】	特殊商品売買(委託販売・受託販売) ・立場の違い ・荷為替手形 キャッシュ・フロー計算書(直接法及び間接法) ・B/S、P/L、C/F	問1 【仕訳】 問2 【仕訳】 【金額算定】 問3 【仕訳】 【金額算定】	企業結合会計 ・企業評価額の算定 ・新株及び自己株式の交付 退職給付会計 ・原則法 ・数理計算上の差異(発生年度より償却) 純資産会計 ・新株発行 ・自己株式の処分 ・企業結合(株式交換)
第68回	問1 【数量算定】 【金額算定】 【仕訳】 問2 【仕訳】 【金額算定】	商品売買(記帳方法含む) ・商品有高帳と商品売買益勘定との関連 ・払出単価の決定方法 ・小売棚卸法 本支店会計 ・本店の損益勘定 ・総合損益勘定	問1 【金額算定】 問2 【仕訳】 【金額算定】 問3 【金額算定】	特殊商品売買(割賦販売) ・連年 ・回収基準、未実現利益控除法 転換社債型新株予約権付社債 ・発行者側(区分法) ・取得者側 固定資産の減損 ・のれんの減損
第69回	問1 【仕訳】 【金額算定】 問2 【仕訳】 【金額算定】	商品売買(記帳方法含む) ・売上原価対立法 ・払出単価の決定方法 純資産会計 ・新株の発行 ・利益振替 ・新株と自己株式の同時交付 ・その他資本剰余金の残高が負の値になった場合 ・分配可能額の算定 ・企業結合(株式交換)	問1 【穴埋め】 【金額算定】 問2 【金額算定】 問3 【金額算定】	為替予約(文章形式) ・連年 ・振当処理、独立処理 退職給付会計 ・原則法 ・数理計算上の差異(発生年度の翌期より償却) ・定率法 連結会計 ・連結1年度目 ・税効果会計適用(評価差額) ・追加取得

第70回	問1 【金額算定】 問2 【仕訳】 【金額算定】	商品売買等 ・仕入・売上返品等の記帳方法 ・剰余金の処分 ・決算振替 純資産会計 ・新株予約権の行使に伴う新株発行 ・自己株式 ・その他有価証券	問1 【仕訳】 【金額算定】 問2 【仕訳】 【金額算定】	本支店会計(在外支店) ・未達取引の処理 ・本店の損益勘定と残高勘定 ・支店の損益勘定と残高勘定 ・本支店合併後の財務諸表 リース会計 ・借手側と貸手側 ・B/S、P/Lの科目と金額 ・リース期間満了時の処理
第71回	問1 【金額算定】 【勘定記入】 問2 【仕訳】 【金額算定】	帳簿組織・簿記一巡 ・個人企業 ・金額推定 割賦販売 ・利息区分法 ・売手側と買手側	問1 【金額算定】 【仕訳】 問2 【仕訳】	固定資産 ・自家建設 ・交換 ・総合償却 連結会計 ・連結1年目 ・税効果会計適用(評価差額) ・一部売却
第72回	問1 【金額算定】 問2 【仕訳】	キャッシュ・フロー計算書及び簿記一巡(純大陸式) ・金額推定 委託買付・受託買付 ・委託者側と受託者側 ・返品権付販売	問1 【金額算定】 【仕訳】 問2 【仕訳】 【金額算定】	固定資産の減損 ・共用資産 有価証券・連結会計(持分法) ・売買目的有価証券 ・満期保有目的の債券 ・関連会社株式 ・持分法
第73回	問1 【仕訳】 【金額算定】 問2 【仕訳】	帳簿組織 ・特殊仕訳帳 ・精算勘定 ・決算整理前残高試算表に計上される金額 自社利用目的のソフトウェア ・自社開発の受注管理ソフトウェア ・廃棄 ・ソフトウェア仮勘定	【仕訳】 【金額算定】	外貨建会計(期中取引・決算整理) ・買掛金 ・仕入及び売上原価算定 ・為替予約(独立処理) ・ヘッジ会計 ・社債(利息法) ・固定資産

□第三問出題項目一覧

単元	チェック	項目	第64回 平成26年	第65回 平成27年	第66回 平成28年	第67回 平成29年	第68回 平成30年	第69回 令和元年	第70回 令和2年	第71回 令和3年	第72回 令和4年	第73回 令和5年
簿記の概要		損益の見越・繰延		●			●		●	●	●	●
		主要簿及び補助簿										
現金預金		現金の範囲					●		●	●		
		現金過不足					●		●	●	●	●
		当座預金、借越							●		●	●
		銀行勘定調整(当座勘定照合表)	●	●		●	●	●	●	●	●	●
債権債務		債権債務の分類		●	●	●	●	●	●		●	●
		約束(為替)手形	●	●			●			●		
		手形の裏書、割引										
固定資産		取得原価の決定					●		●			
		減価償却	●	●	●	●	●		●	●	●	
		売却、除却、買換		●	●		●			●		
		資本的支出と収益的支出	●									●
		無形固定資産										
		ソフトウェア(自社利用目的)	●	●					●			
		ソフトウェア(市場販売目的)	●									
		ソフトウェア(受注制作)	●									
		圧縮記帳			●			●			●	●
		リース取引			●						●	
		セール・アンド・リースバック取引								●		
		資産除去債務	●	●			●	●				
引当金		貸倒引当金	●	●	●	●	●	●	●	●	●	●
		貸倒れ及び回収の処理	●	●	●	●				●		
		賞与引当金		●		●	●			●	●	●
有価証券		取得と売却		●			●					
		期末評価	●	●	●	●	●	●	●	●	●	
		償却原価法		●	●	●		●	●			
		全部(部分)純資産直入法	●	●	●	●	●	●	●	●	●	
		減損処理		●	●	●	●			●	●	
		その他資本剰余金の処分による配当を受けた株主の処理			●							
		保有目的区分の変更						●	●			
		有価証券の認識基準(約定日基準)										
商品売買		三分法(三分割法)		●	●		●	●	●	●		●
		売上原価計上法(売上原価対立法)	●									
		分記法							●			
		期末商品の評価	●	●	●	●	●	●	●	●		●
		返品、値引、割戻、割引	●	●	●	●	●					
		原価率、利益率			●							
		他勘定振替高	●	●					●			
		仕入売上の計上基準			●	●	●	●				
		仕入諸掛										
退職給付		退職給付引当金(原則法)		●	●							●
		退職給付費用		●	●							●
		未認識額		●	●							●
		退職給付引当金(簡便法)	●			●			●		●	

単元	チェック	項目	第64回 平成26年	第65回 平成27年	第66回 平成28年	第67回 平成29年	第68回 平成30年	第69回 令和元年	第70回 令和２年	第71回 令和３年	第72回 令和４年	第73回 令和５年
税金		法人税等	●	●	●	●	●	●	●	●	●	●
		消費税等	●	●	●	●	●	●	●	●	●	●
		租税公課(その他の税金)										●
		源泉所得税、社会保険料	●				●					
税効果		将来減算一時差異	●	●	●	●	●	●	●	●	●	●
		将来加算一時差異	●	●	●		●	●	●	●	●	●
		その他有価証券	●	●	●	●	●	●	●	●	●	●
外貨建		期中の処理				●	●		●	●		●
		決算時の処理		●		●	●		●	●		●
		為替予約(独立、振当)		●		●	●			●		
		外貨建有価証券	●		●	●		●				
		ヘッジ会計			●	●	●					
純資産		設立と増資										
		剰余金の配当(中間配当)										
		資本準備金、利益準備金										
		任意積立金										
		自己株式	●									●
		新株と自己株式の同時交付										
		株主資本等変動計算書										
		新株予約権、株式引受権										●
		ストック・オプション										
社債		買入償還	●							●		
		新株予約権付社債			●							
減損		減損の兆候、認識の判定及び測定			●	●				●		
		資産のグルーピング						●				
		減損会計に係る税効果				●						
		のれん						●				
過年度遡及		過去の誤謬の訂正										
		会計上の見積りの変更		●								
		償却方法の変更	●									
特殊商品売買		割賦販売							●			
		委託販売、受託販売						●				
		未着品販売										●
本支店		在外支店								●		
製造業		材料費										●
		加工費(労務費・経費)										●
		研究開発費	●									
		製造原価報告書										
組織再編		事業譲受・譲渡										
		合併										
		会社分割	●									
建設業		インプット法による収益認識									●	
		工事原価の集計									●	
		工事損失引当金	●								●	
借入金		金利スワップ		●						●		

もくじ

	問題番号	重要度	問題頁数	解答頁数	内　容	チェック		
	［3］	B	P.53	P.147	手形の割引			
	［4］	B	P.54	P.147	手形の裏書・割引			
5．引当金								
(1)貸倒引当金	［1］	A	P.55	P.148	貸倒れの処理			
	［2］	B	P.56	P.148	キャッシュ・フロー見積法等(総合形式)			
	［3］	C	P.57	P.148	キャッシュ・フロー見積法等(総合形式)			
(2)賞与引当金	［1］	A	P.58	P.149	賞与引当金			
6．有価証券	［1］	B	P.59	P.150	取得と売却			
	［2］	A	P.60	P.150	満期保有目的の債券(利息法)			
	［3］	A	P.61	P.150	満期保有目的の債券(定額法)			
	［4］	A	P.62	P.150	その他有価証券・関連会社株式の期末評価			
	［5］	A	P.63	P.151	その他有価証券の期末評価			
	［6］	A	P.64	P.151	有価証券の減損処理			
	［7］	A	P.65	P.151	有価証券(総合形式)			
	［8］	B	P.66	P.152	保有目的区分の変更			
	［9］	B	P.67	P.152	その他資本剰余金からの配当			
	［10］	A	P.68	P.152	有価証券(総合形式)			
	［11］	C	P.69	P.153	満期保有目的の債券(利息法)			
7．商品売買								
(1)普通商品売買	［1］	A	P.71	P.155	4つの記帳方法			
	［2］	C	P.73	P.155	分記法			
	［3］	A	P.75	P.156	返品・値引・割引			
(2)商品有高帳	［1］	C	P.76	P.156	商品有高帳(先入先出法)			
	［2］	B	P.77	P.156	商品有高帳(先入先出法)			
(3)期末商品の評価	［1］	A	P.78	P.157	期末商品の評価			
	［2］	A	P.79	P.157	期末商品の評価			
	［3］	B	P.80	P.157	売価還元原価法			
	［4］	B	P.80	P.158	売価還元低価法			
(4)仕入諸掛	［1］	C	P.81	P.158	仕入諸掛(決算整理)			
(5)その他	［1］	B	P.82	P.158	販売以外で商品が減少(見本品費)			
	［2］	B	P.83	P.158	精算表			
	［3］	B	P.84	P.158	仕入・売上の計上基準			

重要論点のまとめ編

1　簿記一巡まとめ

(1) 概　要

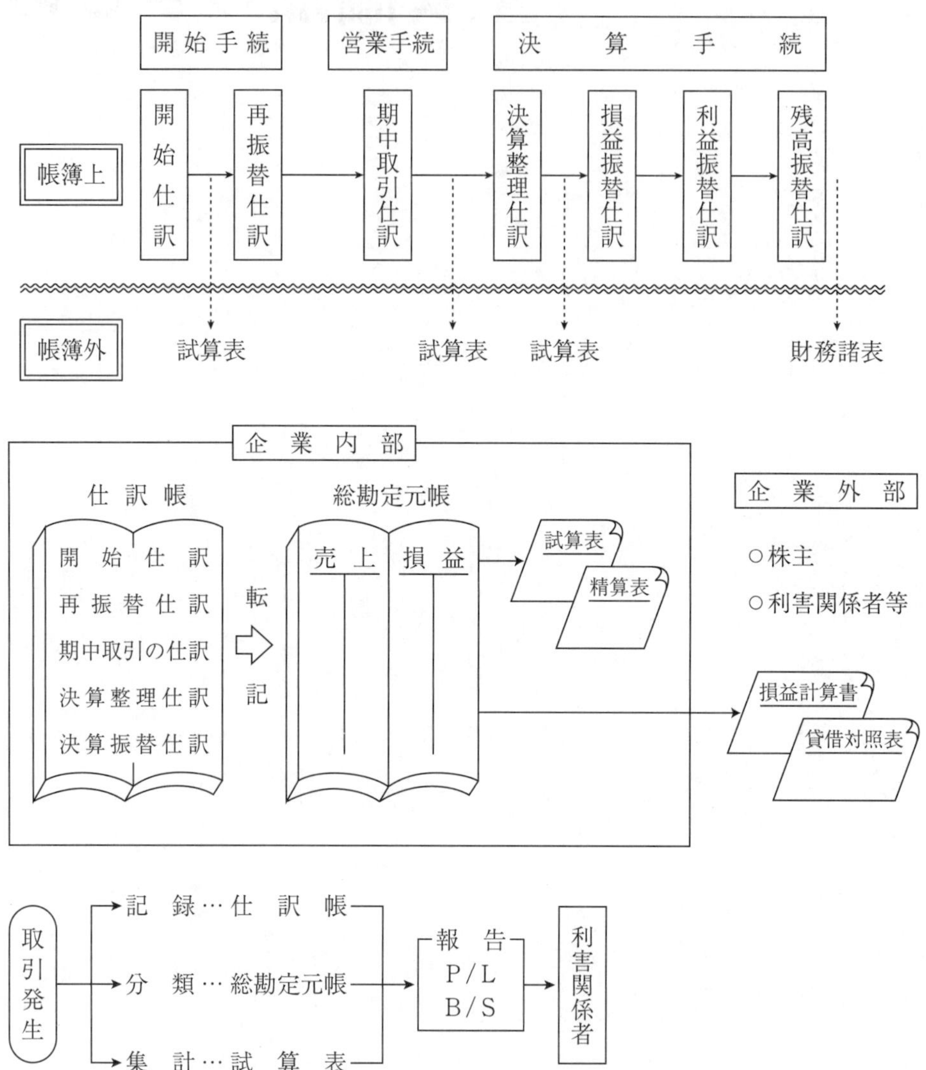

(2) 決算振替

① 損益振替

(損　　益) 50 (費　　用) 50
(収　　益) 100 (損　　益) 100

② 利益振替

(損　　益) 50 (繰越利益剰余金) 50

③ 残高振替(準大陸式決算法)

(残　　高) 160 (資　　産) 160
(負　　債) 50 (残　　高) 160
(資 本 金) 50
(繰越利益剰余金) 60

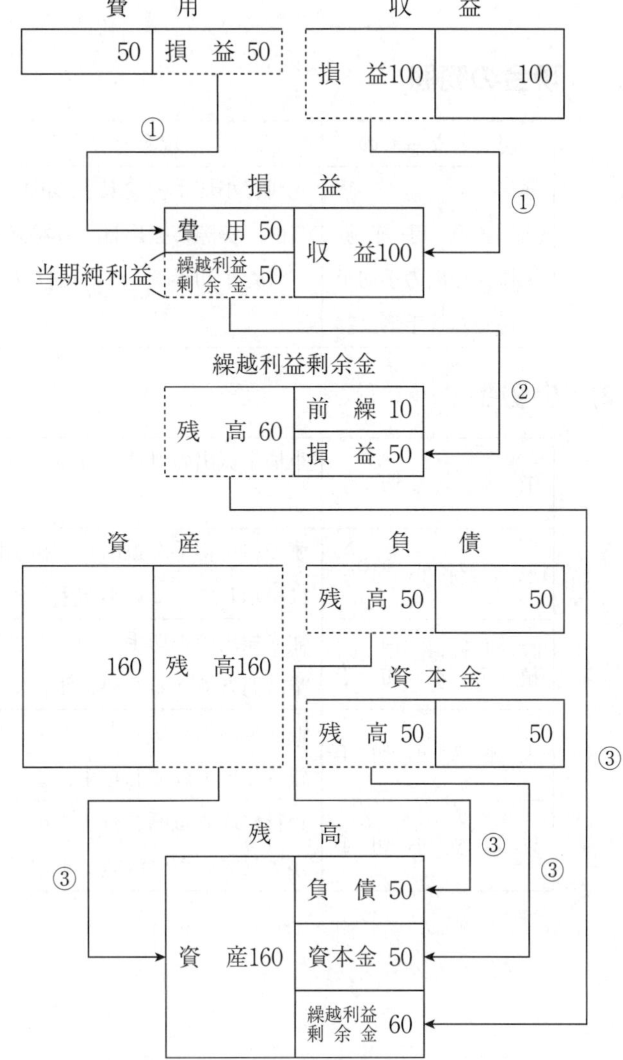

2　現金預金まとめ

(1)　現金の範囲

現金となるもの	現金とならないもの
通　　　　　貨 通 貨 代 用 証 券 ・他人振出の小切手 ・送金為替手形　等	先日付小切手…受取手形勘定(注) (注)　実際の振出日より将来の日付を記載した小切手

(2)　小切手

未 渡 小 切 手	小切手振出の処理を行ったが、まだ相手側に手渡していない小切手
未 取 付 小 切 手	すでに小切手を振出し、相手側に手渡したが所持人がまだ銀行に呈示していない小切手
時 間 外(締 切 後) 預 入 小 切 手	他人振出の小切手につき、当社は預入れ処理したが、銀行の営業時間外であるため、銀行では翌日預入れとした小切手
未 預 入 小 切 手	他人振出の小切手を受取り、預入れ記帳を行ったが、実際には銀行に預入れておらず、まだ手許にある状態の小切手
未 取 立 小 切 手	銀行に取立依頼を行った小切手について、銀行側で未だ取立てがされていない状態の小切手

3　固定資産まとめ

(1)　取得原価の決定

取得原価＝購入代価＋付随費用※

※　引取費用、登記料、不動産取得税、据付費、試運転費、地ならし代、仲介手数料等

（注）　取得のため（事業の用に供するまで）にかかった付随費用はすべて取得原価に加算

形　態	仕	訳	金　額
購　入	（固定資産）×××	（現金預金）××× （未払金）××× （営業外支払手形）×××	購入代価＋付随費用
交　換	（固定資産）××× ㊪	（固定資産）××× ㊐	適正な当社帳簿価額
贈　与	（固定資産）×××	（固定資産受贈益）×××	時価等を基準とした公正な評価額

(2)　減損会計（減損の兆候・認識の判定及び測定）

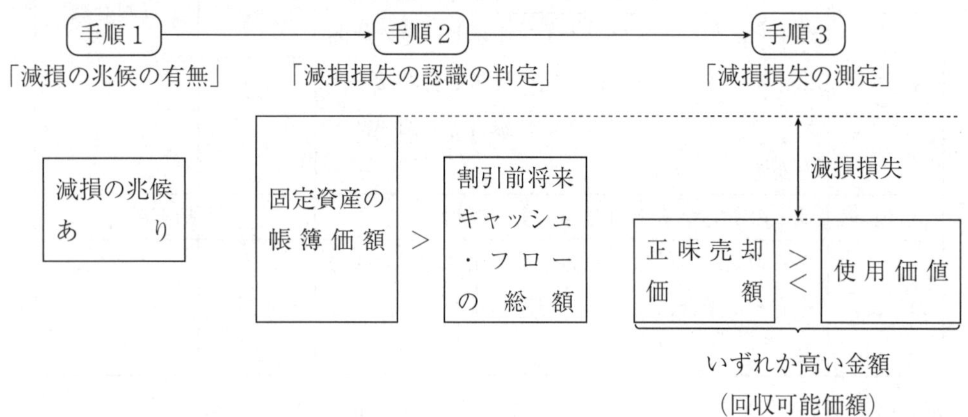

①　減損の兆候

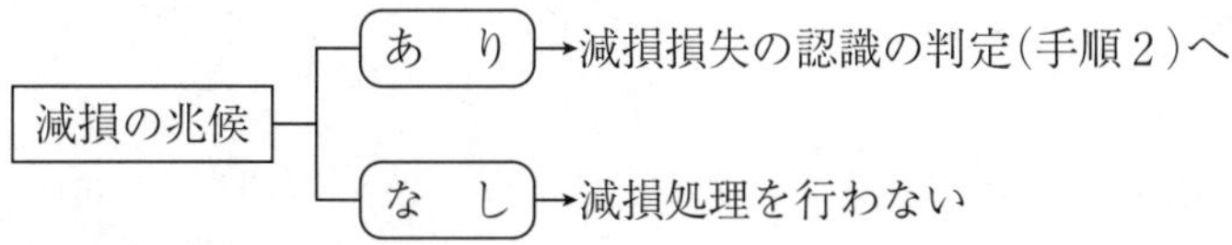

②　減損損失の認識の判定

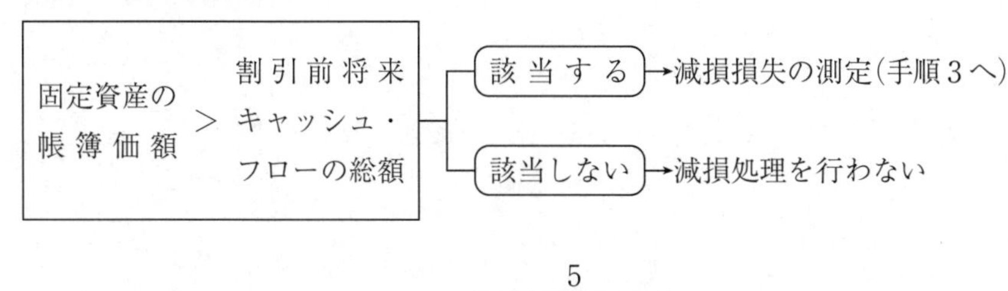

③　減損損失の測定

(イ)　回収可能価額

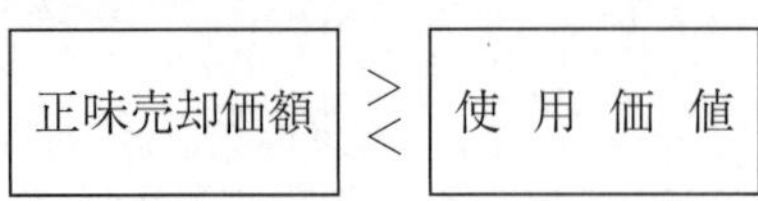

いずれか高い金額

(ロ)　減損損失

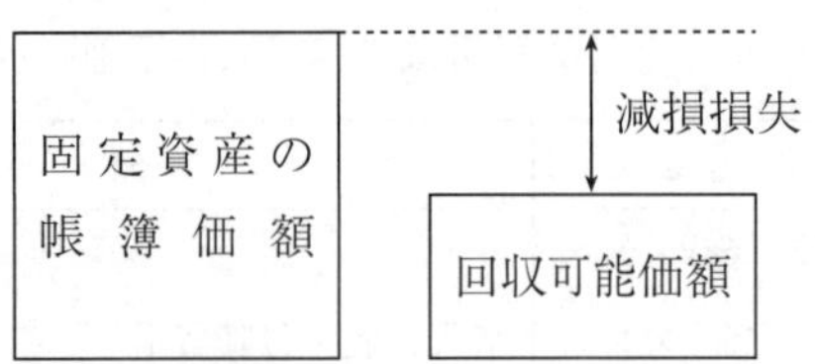

(3)　無形固定資産

勘定科目	内容	償却期間	償却額の計算
特許権	発明又は発見にかかるものを独占的に利用できる権利。	問題の指示に従う	月割計算
商標権	自己の営業に係る商品であることを表示するための特定の商標を独占的に利用できる権利。		
ソフトウェア	コンピュータ・ソフトウェアを示し、その範囲は、①コンピュータに一定の仕事を行わせるためのプログラム②システム仕様書等の関連文書となる。		
借地権	他人の所有する土地を利用する権利。	償却不要	
のれん	ある企業が同種の平均的企業に比べ超過収益力を有する場合における、超過収益力の要因のこと。	20年以内	月割計算

取得時：(○　　○　　○)　　×××※　(現　金　預　金)　　×××

※　購入代価＋付随費用

決算時：(○ ○ ○ 償 却)(注)　×××　　(○　　○　　○)　　×××

(注)　該当する科目

残存価額をゼロとし、定額法(直接法)による。

(4) リース会計(リース料後払いの場合)

	売買処理	賃貸借処理
リース契約時	(リース資産)××× (リース債務)×××	仕訳なし
リース料支払時	(リース債務)××× (支払利息)××× (現金預金)×××	(支払リース料)××× (現金預金)×××
決算時	(減価償却費)××× (減価償却累計額)×××	仕訳なし

<table>
<tr><td></td><td colspan="2">種類</td><td>会計処理</td><td>減価償却※2</td><td colspan="2">取得原価の決定※3</td></tr>
<tr><td rowspan="5">リース取引</td><td rowspan="4">ファイナンス・リース※1</td><td rowspan="2">所有権移転
(リース期間終了後所有権が移転)</td><td rowspan="2">売買処理
(資産計上)</td><td rowspan="2">通常の減価償却</td><td>明らか</td><td>購入価額</td></tr>
<tr><td rowspan="2">不明</td><td rowspan="2">リース料総額の現在価値
∧∨　いずれか低い方
見積現金購入価額</td></tr>
<tr><td rowspan="2">所有権移転外
(リース期間終了後返還)</td><td rowspan="2">売買処理
(資産計上)</td><td rowspan="2">耐年：リース期間
残価：ゼロ</td></tr>
<tr><td>明らか</td><td>リース料総額の現在価値
∧∨　いずれか低い方
購入価額</td></tr>
<tr><td>オペレーティング・リース</td><td>―</td><td>賃貸借処理
(費用計上)</td><td>―</td><td>―</td><td>―</td></tr>
</table>

※1　リース期間の中途において契約を解除することができず、また、リース資産の使用に伴う修理代等のコストを負担するなど、一定の要件を満たすリース取引に該当するもの。

※2　減価償却の計算は、リース期間終了後に所有権が移転するか、当該固定資産を返還するかにより判断する。

※3　リース会社の購入価額が当社側(借手)に明らかであるか不明であるかにより判断する。

リース取引の分類

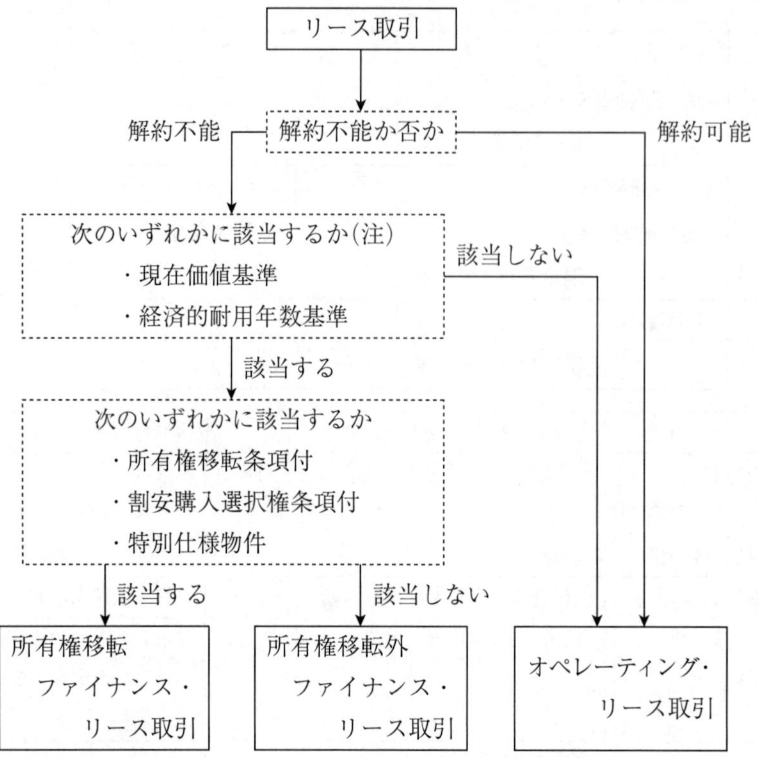

(注)

・現在価値基準

$$\frac{\text{リース料総額の現在価値}}{\text{見積現金購入価額}} \geqq 90\%$$

・経済的耐用年数基準

$$\frac{\text{リース期間}}{\text{経済的耐用年数}} \geqq 75\%$$

└→当該資産を通常に使用し、修繕・保守がなされた場合の経済的に使用可能な年数(実務上は税法の耐用年数を使用)

4　債権債務まとめ

債　権(資産)	内　　　容	債　務(負債)
受 取 手 形	手形取引によって生じたもの(注)	支 払 手 形
売　掛　金	主たる営業活動(商品売買取引等)から生じた掛(後日払い)	買　掛　金
前　払　金	主たる営業活動(商品売買取引等)の代金の一部である手付金の受払いから生じたもの	前　受　金
貸　付　金	金銭の貸付け・借入れから生じたもの	借　入　金
未　収　金	主たる営業活動(商品売買取引等)以外から生じた掛(後日払い)	未　払　金
立　替　金	他者に代わる一時的な現金の受払いから生じたもの	預　り　金
仮　払　金	内容が不明な現金の受払いから生じたもの	仮　受　金

(注)　先日付小切手

先日付小切手は、振出日を将来の日付として振り出した小切手であり、慣行的に当該日付までは銀行に呈示を行わないこととされるため、「受取手形」として処理する。

5　引当金まとめ

	区　　分	算　定　方　法	設定方法
貸倒引当金	一 般 債 権	貸倒実績率法	総括引当法
	貸倒懸念債権	財務内容評価法 ※1 又は キャッシュ・フロー見積法	個別引当法
	破産更生債権等	財務内容評価法 ※2	

※1　(債権額－担保の処分見込額及び保証による回収見込額)×回収不能見込みの割合

※2　債権額－担保の処分見込額及び保証による回収見込額

6　有価証券まとめ

(1)　期末評価

				期末評価（B/S）	取得原価とB/S価額との差額		評価差額の処理
					償却額	評価差額	
有価証券	売買目的有価証券	株式		時　価		有価証券評価損益	洗替法 切放法
		債券					
	満期保有目的の債券	債券	償原法有	償却原価	有価証券利息		—
			償原法無	取得原価			
	子会社株式 関連会社株式	株式		取得原価			—
	その他有価証券	株式		時　価		その他有価証券評価差額金(注)	洗替法のみ
		債券	償原法有	時　価	有価証券利息	その他有価証券評価差額金(注)	
			償原法無	時　価		その他有価証券評価差額金(注)	
		市場価格のない株式		取得原価			—

(注)

原則→全部純資産直入法	損	その他有価証券評価差額金
	益	その他有価証券評価差額金
例外→部分純資産直入法	損	投資有価証券評価損益
	益	その他有価証券評価差額金

なお、その他有価証券の評価差額には税効果会計が適用されることに注意すること。

(2)　減損処理

	適用要件	期末評価（B/S）	評価差額	評価差額の処理
時価有有価証券	・時価の著しい下落 ・回復の見込み無し or 不明	時　価	関係会社株式評価損 or 投資有価証券評価損益	翌期首の振戻処理は行わない
市場価格のない株式	・実質価額の著しい低下	実質価額		

(注)　売買目的有価証券は減損処理の適用対象外であることに注意すること。

7 商品売買まとめ

(1) 記帳方法

記帳方法	勘定	内容
三分法	繰越商品 仕入 売上	繰越商品勘定、仕入勘定、売上勘定の3勘定に分割して記帳する方法
売上原価計上法	商品 売上原価 売上	商品の販売の都度、売上原価を商品勘定から売上原価勘定に振替え、売上勘定と対応させる方法
分記法	商品 商品販売益	商品の販売の都度、売上高を売上原価と販売益に分解して記帳する方法
総記法	商品 商品販売益	商品の売買を商品勘定で記帳し、決算において販売益を計算し、商品販売益の貸方に記入し商品勘定を期末商品棚卸高の金額に修正する方法

	三分法	売上原価計上法	分記法	総記法
仕入時	(仕　入)××× (買掛金)×××	(商　品)×××　(買掛金)×××		
売上時	(売掛金)××× (売　上)×××	(売掛金)××× (売　上)××× (売上原価)××× (商　品)×××	(売掛金)××× (商　品)××× (商品販売益)×××	(売掛金)××× (商　品)×××
決算時	(仕　入)××× (繰越商品)××× (繰越商品)××× (仕　入)×××	仕訳なし	仕訳なし	(商　品)××× (商品販売益)×××

⑵ 原価率と利益率

① 原価率と利益率の関係

$$\frac{\text{売上原価(原価)}}{\text{売上高(売価)}}+\frac{\text{販売益(利益)}}{\text{売上高(売価)}}=1 \qquad \therefore \text{原価率}+\text{利益率}=1$$

㈠ 「原価率80％」と与えられた場合

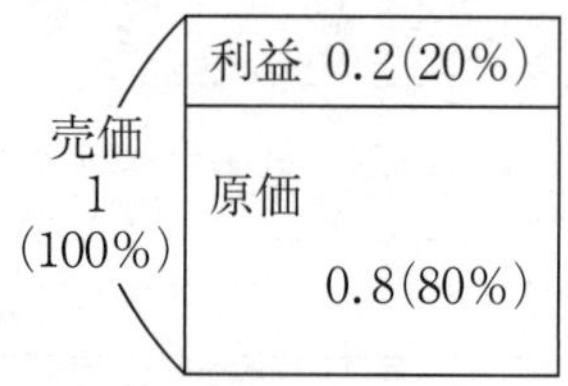

㈡ 「原価に20％の利益を加算」と与えられた場合

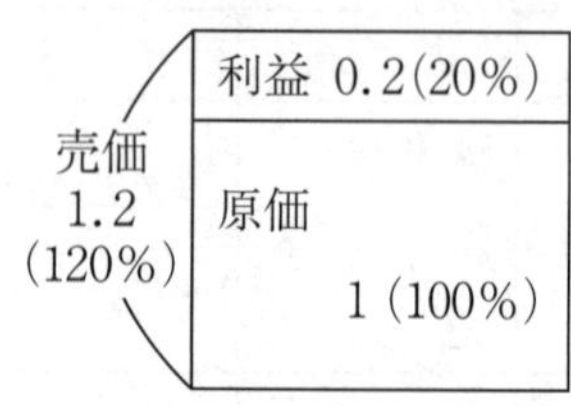

② 原価率と利益率の応用

㈠ 原価率

㋑ 売上高×原価率＝売上原価

㋺ 売上原価÷原価率＝売上高

㈡ 利益率

㋑ 売上高×利益率＝販売益

㋺ 販売益÷利益率＝売上高

8　退職給付会計まとめ

(1)　期首時点で行う退職給付費用の算定

退職給付費用＝　勤務費用
＋利息費用
－期待運用収益
±未認識数理計算上の差異の償却額
±未認識過去勤務費用の償却額

(2)　退職一時金の支給

退職者に対して退職一時金を支給した場合、その金額だけ退職給付債務が減少するため、退職給付引当金の減額処理を行う。

(3)　掛金の拠出

外部の年金基金へ掛金を拠出した場合、その金額だけ年金資産が増加し、企業の退職給付の積立負担が減少するため、退職給付引当金の減額処理を行う。

(4)　年金支給

外部の年金基金から退職者に対して年金が支給された場合、特に会計処理は行わない。

(5)　各種差異

	償却開始時期	償却方法	償却年数
数理計算上の差異	原則：発生年度 例外：翌期首	定額法 又は 定率法	平均残存勤務期間内
過去勤務費用	発生年度	定額法 又は 定率法	平均残存勤務期間内

9　純資産会計まとめ

純資産の部

Ⅰ　株主資本

　1．資本金

　2．資本剰余金

　　(1)　資本準備金

　　(2)　その他資本剰余金

資本剰余金合計

　3．利益剰余金

　　(1)　利益準備金

　　(2)　その他利益剰余金

　　　××積立金

　　　繰越利益剰余金

利益剰余金合計

　4．自己株式

株主資本合計

Ⅱ　評価・換算差額等

　1．その他有価証券評価差額金

　2．繰延ヘッジ損益

評価・換算差額等合計

Ⅲ　株式引受権

Ⅳ　新株予約権

純資産合計

10　税金まとめ

(1)　租税公課

租税公課とは、法人税等となる税金以外の税金及びその他の公共的支出をいう。具体的には、固定資産税、印紙税、自動車税、町内会費、商工会議所会費などである。

(2)　貯蔵品等の処理

・収入印紙(使用分)……租税公課勘定(費用)
・葉書・切手(使用分)……通信費勘定(費用)
} 未使用分：貯蔵品勘定(資産)

・事務用品等(使用分)……消耗品費勘定(費用)→未使用分：消耗品勘定(資産)
(貯蔵品勘定も可)

<table>
<tr><th></th><th>購入時に資産処理する方法</th><th>購入時に費用処理する方法</th></tr>
<tr><td>購入時</td><td>(貯　蔵　品)×××　(現 金 預 金)×××</td><td>(租 税 公 課)×××　(現 金 預 金)×××</td></tr>
<tr><td rowspan="2">決算時</td><td>(租 税 公 課)×××(使用分)　(貯　蔵　品)×××</td><td>(貯　蔵　品)×××(未使用分)　(租 税 公 課)×××</td></tr>
<tr><td colspan="2">後T/B
貯蔵品　×××(未使用分)
租税公課　×××(使用分)</td></tr>
</table>

11　社債まとめ

(1)　社債の発行時（割引発行）

(現　金　預　金)	×××	(社　　　　　債)	×××※

※　発行総額（１口あたりの発行価額×発行口数）

(2)　償却原価法

前提：会計期間＝４月１日～３月31日、利払日９月及び３月各末日、償還期間３年の場合

	利　息　法	定　額　法
9/30 利払日	(社債利息)×××※2 (現金預金)×××※1 (社　　債)×××※3	(社債利息)×××　(現金預金)×××※1
3/31 利払日	(社債利息)×××※2 (現金預金)×××※1 (社　　債)×××※3	(社債利息)×××　(現金預金)×××※1
3/31 決算整理	仕　訳　な　し	(社債利息)×××　(社　　債)×××※4

※１　額面総額×約定利率（クーポン利率）×$\frac{6ヶ月}{12ヶ月}$

※２　償却原価（直前の帳簿価額）×実効利子率×$\frac{6ヶ月}{12ヶ月}$

※３　貸借差額

※４　（額面総額－発行総額）×$\frac{12ヶ月}{36ヶ月}$

(3)　満期償還

(社　　　　　債)	×××※	(現　金　預　金)	×××

※　額面総額

12　転換社債型新株予約権付社債まとめ

(1)　発行時

①　区分法

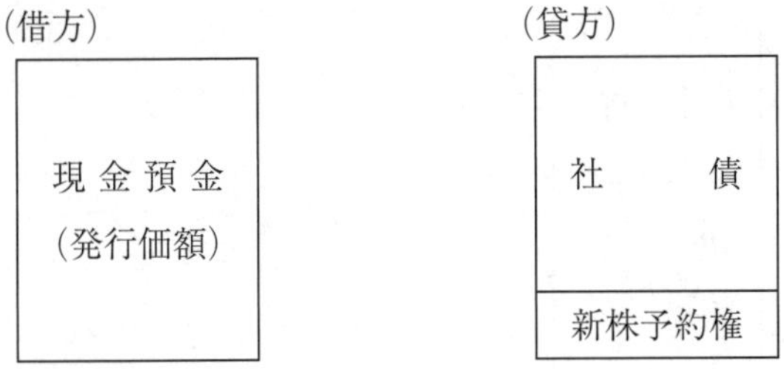

（借方）
現金預金（発行価額）

（貸方）
社債
新株予約権

②　一括法

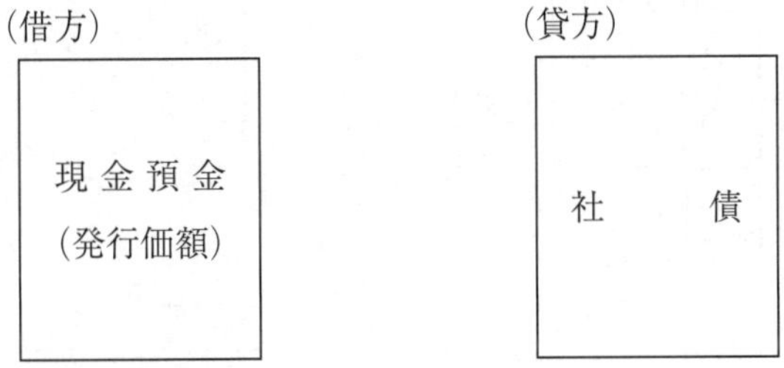

（借方）
現金預金（発行価額）

（貸方）
社債

(2)　権利行使時

①　区分法

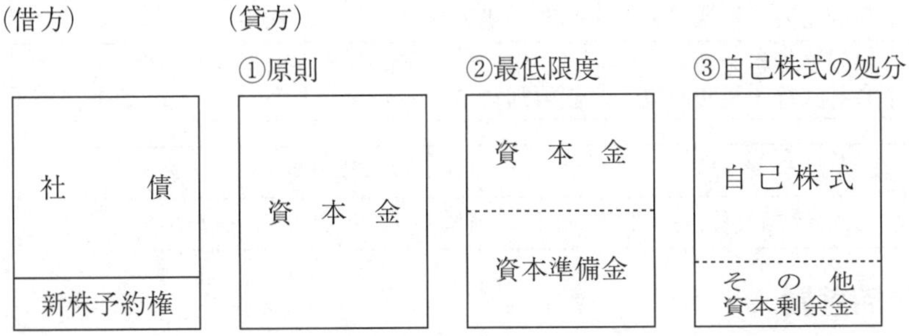

（借方）
社債
新株予約権

（貸方）
①原則
資本金

②最低限度
資本金
資本準備金

③自己株式の処分
自己株式
その他資本剰余金

②　一括法

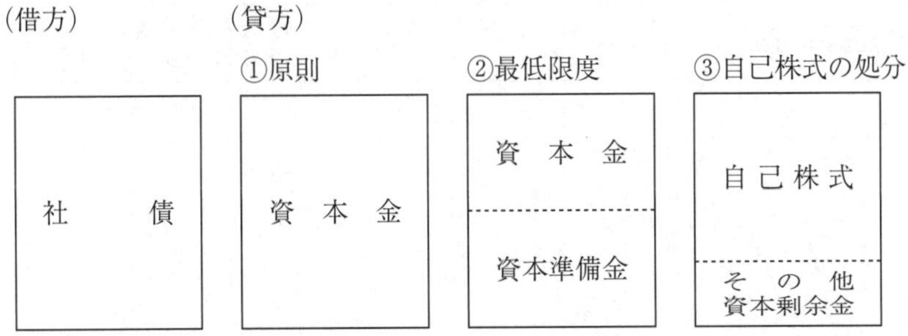

（借方）
社債

（貸方）
①原則
資本金

②最低限度
資本金
資本準備金

③自己株式の処分
自己株式
その他資本剰余金

13　税効果会計まとめ

(1) 税効果会計の仕組み

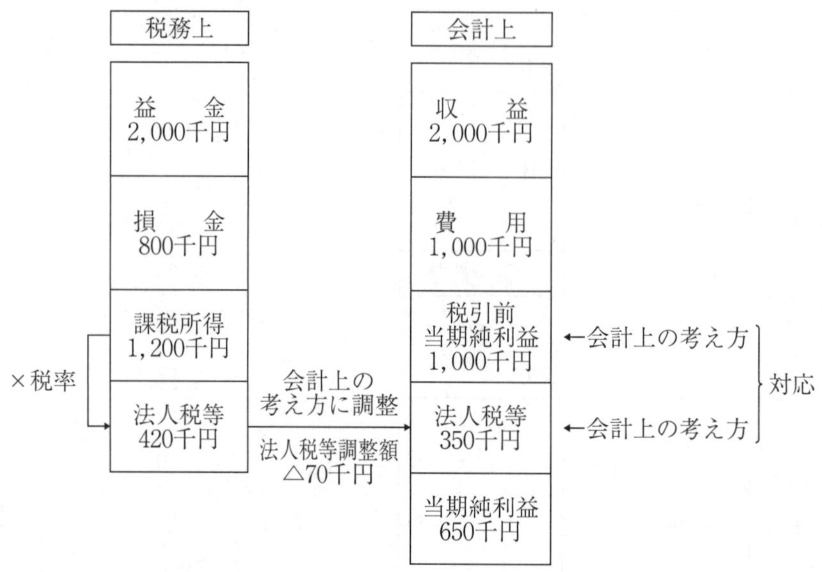

(2) 将来減算一時差異

項　目	一時差異の金額	差異の発生	差異の解消
各種引当金	○○引当金繰入超過額 会計繰入－税法繰入	税法限度額を超える引当金の繰入れ	引当金の取崩し・戻入れ等
減価償却	減価償却超過額 会計減費－税法減費	税法限度額を超える減価償却費の計上	固定資産の売却・除却等

発生年度	(繰延税金資産)　×××　(法人税等調整額)　×××
解消年度	(法人税等調整額)　×××　(繰延税金資産)　×××

(3) 将来加算一時差異

項　目	一時差異の金額	差異の発生	差異の解消
圧縮記帳	圧縮相当額	積立金方式による圧縮記帳	毎期の減価償却、固定資産の売却・除却等

14　外貨建会計まとめ

(1)　期末換算レートの適用

		取引日レート	決算日レート
外国通貨			○
金銭債権債務	売掛金・買掛金 貸付金・借入金 未収金・未払金 外貨預金　等		○
前払金・前受金		○	
経過勘定	未払費用・未収収益		○
経過勘定	前払費用・前受収益	○	

(2)　為替予約（振当処理）

外貨建金銭債権債務に為替予約を付した場合

①　為替予約差額の取り扱い

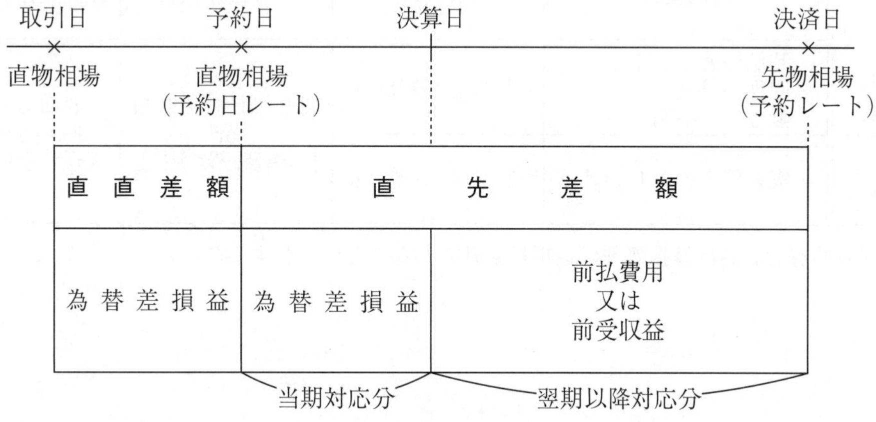

②　各時点における換算に用いるレート（金銭債権債務）

	取引日	予約日	決算日	決済日
取引後に予約	取引日レート	予約レート	予約レートのまま	予約レート

(3) 外貨建有価証券

外貨建有価証券の期末評価のまとめ

<table>
<tr><td colspan="4" rowspan="2"></td><td rowspan="2">期末評価(B/S)</td><td colspan="4">取得原価とB/S価額との差額</td></tr>
<tr><td>償却額</td><td>換算差額</td><td>評価差額</td><td>評価差額の処理</td></tr>
<tr><td rowspan="7">外貨建有価証券</td><td rowspan="2">売買目的有価証券</td><td>株式</td><td rowspan="2"></td><td rowspan="2">(外)時価×決算日R</td><td rowspan="2"></td><td rowspan="2"></td><td rowspan="2">有価証券評価損益</td><td rowspan="2">洗替法
切放法</td></tr>
<tr><td>債券</td></tr>
<tr><td rowspan="2">満期保有目的の債券</td><td rowspan="2">債券</td><td>償原法有</td><td>(外)償原×決算日R</td><td>有価証券利息</td><td>為替差損益</td><td></td><td rowspan="2">—</td></tr>
<tr><td>償原法無</td><td>(外)取原×決算日R</td><td></td><td>為替差損益</td><td></td></tr>
<tr><td>子会社株式
関連会社株式</td><td>株式</td><td></td><td>(外)取原×取得日R</td><td></td><td></td><td></td><td>—</td></tr>
<tr><td rowspan="2">その他有価証券</td><td>株式</td><td></td><td>(外)時価×決算日R</td><td></td><td></td><td>その他有価証券評価差額金(注)</td><td rowspan="2">洗替法のみ</td></tr>
<tr><td>市場価格のない株式</td><td></td><td>(外)取原×決算日R</td><td></td><td></td><td>その他有価証券評価差額金(注)</td></tr>
</table>

(注) 部分純資産直入法を採用し、評価損が生じた場合は「投資有価証券評価損益」勘定となる。
また、その他有価証券の評価差額には税効果会計が適用される。

外貨建有価証券の減損処理のまとめ

<table>
<tr><td></td><td>適用要件</td><td>期末評価
(B/S)</td><td>評価差額</td><td>評価差額の処理</td></tr>
<tr><td>時価有
有価証券</td><td>・時価の著しい下落
・回復の見込み
無し or 不明</td><td>(外)時価×決算日R</td><td rowspan="2">関係会社株式評価損
or
投資有価証券評価損益</td><td rowspan="2">翌期首の
振戻処理は
行わない</td></tr>
<tr><td>市場価格
のない株式</td><td>・実質価額の著しい低下</td><td>(外)実価×決算日R</td></tr>
</table>

(注) 売買目的有価証券は減損処理の適用対象外であることに注意すること。

15　特殊商品売買まとめ

(1)　試用販売・対照勘定法

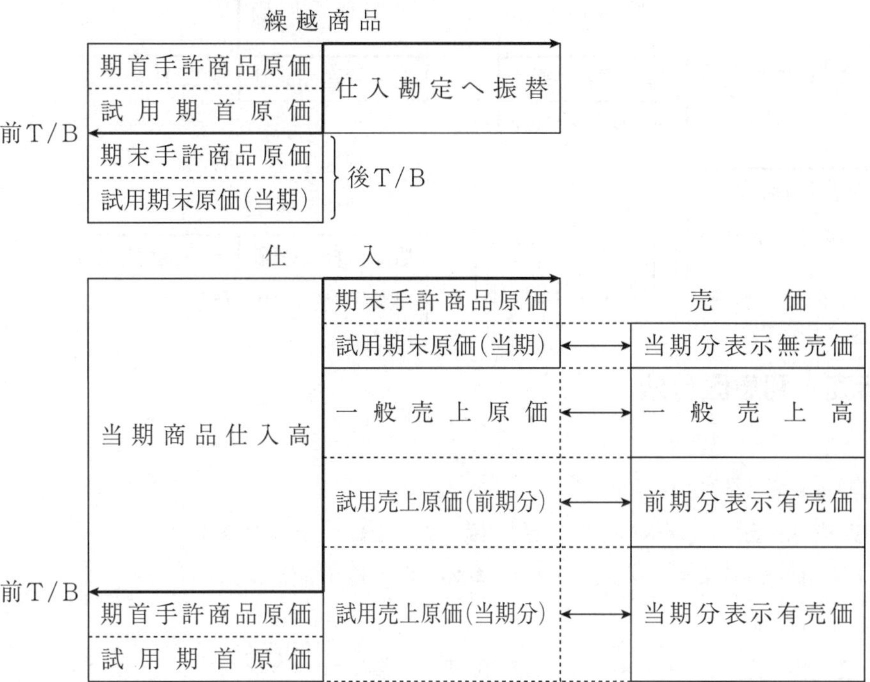

(2)　試用販売・手許商品区分法

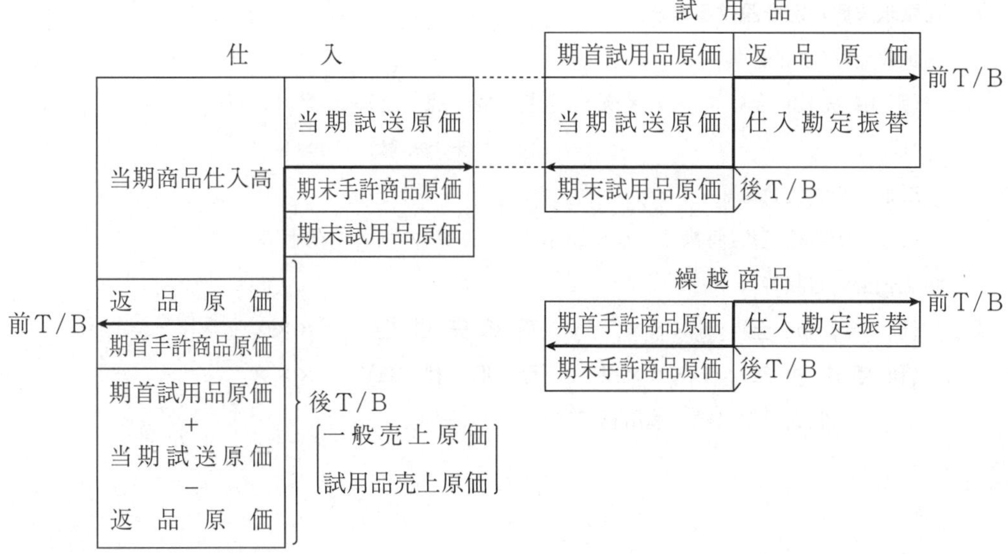

(3) 委託販売・手許商品区分法

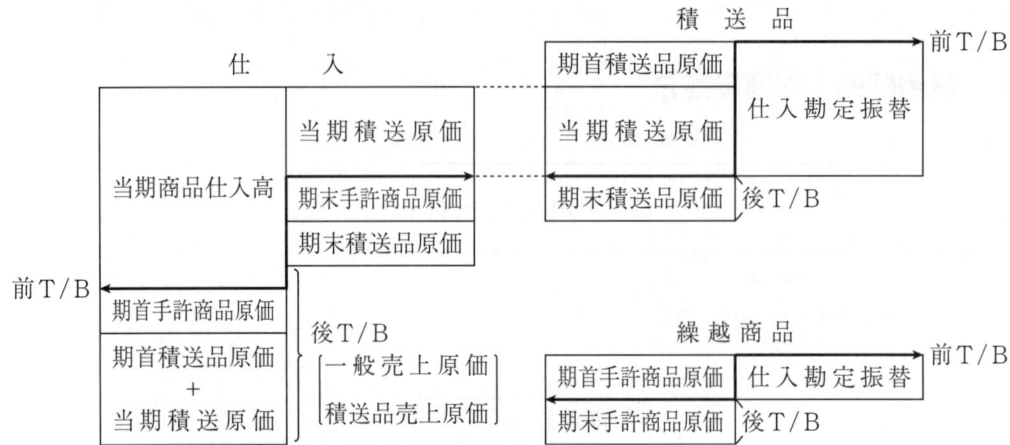

(4) 割賦販売・利息区分法

① 純額法

割賦販売時(販売基準)

(割賦売掛金)	×××	(割　賦　売　上)	×××※

※　元金相当額(将来キャッシュ・フロー総額の割引現在価値)

割賦売掛金回収時

(現　金　預　金)	×××	(割賦売掛金)	貸借差額 ×××
		(受　取　利　息)	×××※

※　未回収元金相当額×適用利子率

② 利息未決算勘定を設ける方法

割賦販売時(販売基準)

(割賦売掛金)	×××※1	(割　賦　売　上)	×××※2
		(利息未決算)	貸借差額 ×××

※1　割賦代金総額

※2　元金相当額(将来キャッシュ・フロー総額の割引現在価値)

割賦売掛金回収時

(現　金　預　金)	×××	(割賦売掛金)	×××
(利息未決算)	×××※	(受　取　利　息)	×××

※　未回収元金相当額×適用利子率

16　組織再編会計まとめ

(1)　企業結合

①　事業譲受・会社分割・合併

(諸　資　産)	×××※1	(諸　負　債)	×××※1
(の　れ　ん)	×××※3	(現金・資本金等)	×××※2

※1　受け入れる資産・負債の時価

※2　取得の対価

※3　貸借差額

なお、のれんの償却は以下のとおりである。

(のれん償却)	×××(注)	(の　れ　ん)	×××

(注)　のれんは20年以内の一定の年数で定額法等により規則的に償却を行う。

②　株式交換(完全親会社)

(関係会社株式)	×××	(資本金等)	×××※

※　交付株式数×@交付株式の時価

なお、完全子会社は、当初の株主から完全親会社となる企業に株主が変わるだけであるため、基本的には特段の処理を要しない。

(2)　事業分離

①　投資の清算

(諸　負　債)	×××※1	(諸　資　産)	×××※1
(現　金　等)	×××※2	(移転損益)	×××※3

※1　引き渡した資産・負債の帳簿価額

※2　受け取った対価の時価

※3　貸借差額

②　投資の継続

(諸　負　債)	×××※1	(諸　資　産)	×××※1
(関係会社株式)	×××※2		

※1　引き渡した資産・負債の帳簿価額

※2　貸借差額

17　収益認識まとめ

基本原則

収益を認識するために以下の５つのステップが適用される。

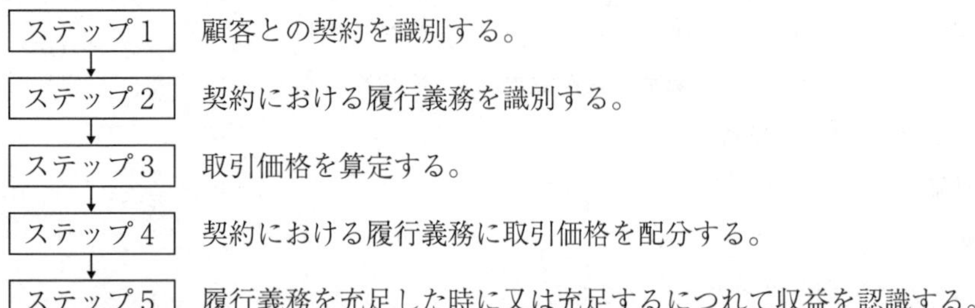

（収益を認識するための５つのステップの適用例）

前提条件

⑴　当期首に、Ａ社（当社）はＢ社（顧客）と、標準的な商品Ｘの販売と２年間の保守サービスを提供する１つの契約を締結した。

⑵　Ａ社は、当期首に商品ＸをＢ社に引き渡し、当期首から翌期末までの保守サービスを行う。

⑶　契約書に記載された対価の額は12,000千円である。

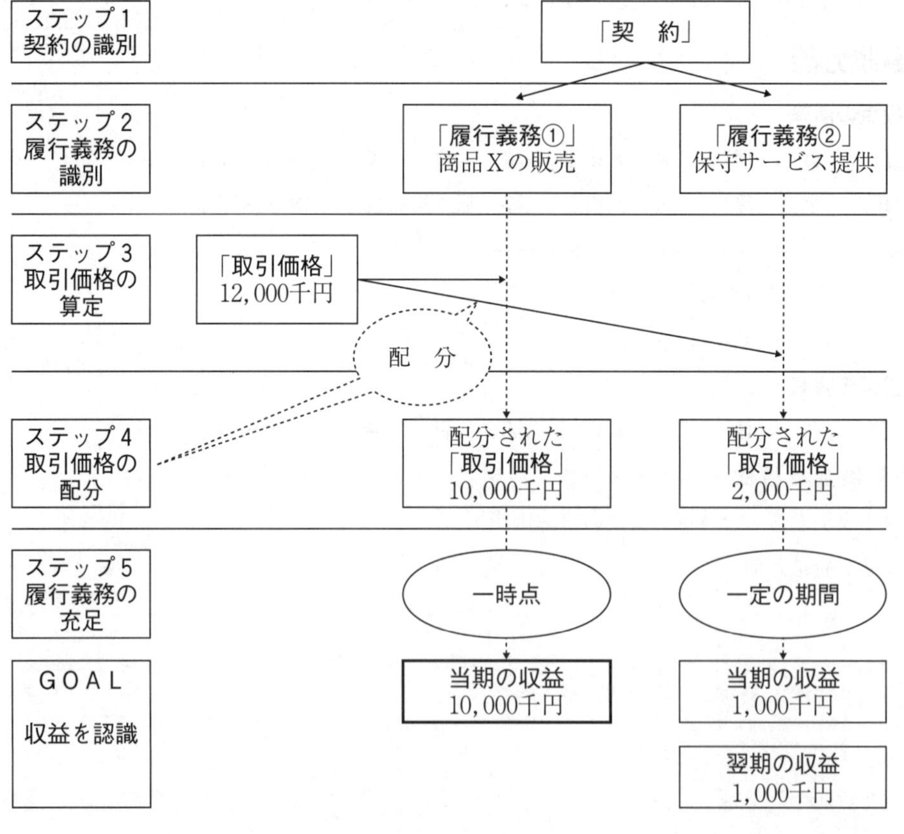

問　題　編

1　簿記一巡

【1】　　重要度B　標準時間７分

次に掲げる資料に基づき、①～⑨までの金額、勘定科目を答えなさい。(準大陸式)

決算整理前残高試算表　(単位：円)

借方科目	金額	貸方科目	金額
現金	187,810	買掛金	202,500
売掛金	292,500	減価償却累計額	(②)
繰越商品	(①)	貸倒引当金	(③)
建物	550,000	資本金	400,000
仕入	1,125,000	利益準備金	35,000
販売管理費	364,580	繰越利益剰余金	(④)
減価償却費	500	売上	1,624,000
貸倒損失	1,000	備品売却益	1,000
	(　　)		(　　)

決算整理後残高試算表　(単位：円)

借方科目	金額	貸方科目	金額
現金	187,810	買掛金	202,500
売掛金	292,500	減価償却累計額	227,700
繰越商品	49,000	貸倒引当金	5,350
建物	550,000	未払販売管理費	12,760
仕入	1,138,000	資本金	400,000
販売管理費	(　　)	利益準備金	35,000
減価償却費	9,900	繰越利益剰余金	(⑤)
貸倒引当金繰入	960	売上	1,624,000
棚卸減耗損	1,800	備品売却益	1,000
貸倒損失	1,000		
	(　　)		(　　)

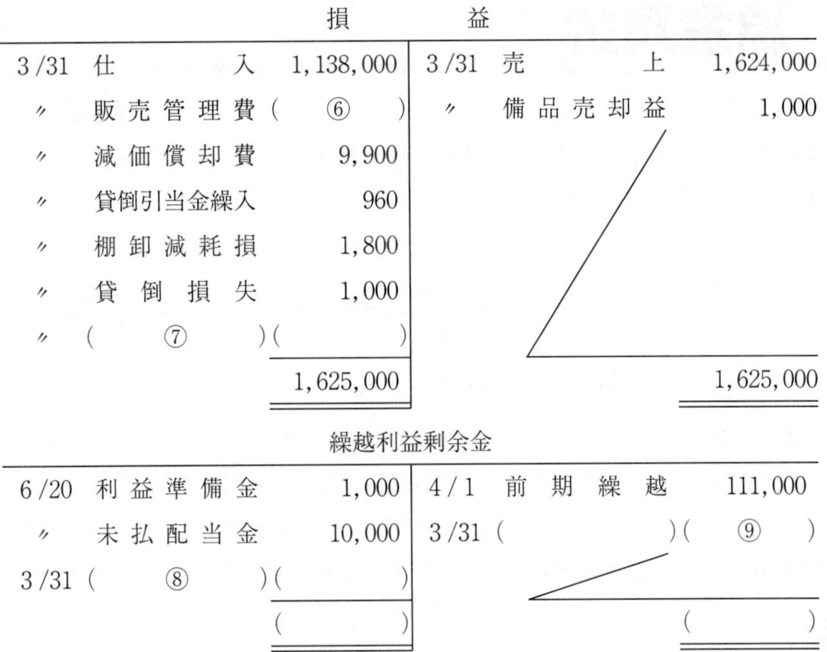

損益

3/31	仕入	1,138,000	3/31	売上	1,624,000
〃	販売管理費	(⑥)	〃	備品売却益	1,000
〃	減価償却費	9,900			
〃	貸倒引当金繰入	960			
〃	棚卸減耗損	1,800			
〃	貸倒損失	1,000			
〃	(⑦)	( )			
		1,625,000			1,625,000

繰越利益剰余金

6/20	利益準備金	1,000	4/1	前期繰越	111,000
〃	未払配当金	10,000	3/31	( )	(⑨)
3/31	(⑧)	( )			
		( )			( )

解答欄

①		②		③		④		⑤	
⑥		⑦		⑧		⑨			

解　答：P.138

【2】　　重要度A　標準時間2分

次の資料に基づき、営業費の当期支払額を求めなさい。

（資　料）

前期末決算整理後残高試算表(一部)

決算整理後残高試算表(一部)　　(単位：円)

前払営業費	385	未払営業費	238

当期末決算整理後残高試算表(一部)

決算整理後残高試算表(一部)　　(単位：円)

前払営業費	282	未払営業費	417
営業費	10,677		

解答欄

営業費の当期支払額 ＿＿＿＿＿＿＿＿円

解　答：P.138

2　現金預金

【1】　重要度A　標準時間2分

次の資料により、決算整理後残高試算表を作成しなさい。

（会計期間：X1年4月1日～X2年3月31日）

（資　料）

決算整理前残高試算表　（単位：円）

現　　金	160,000	
受取手形	480,000	

期末現在金庫の中には次のものがあり、現金勘定で処理されている。なお、現金の帳簿残高と実際有高との差額は原因不明であるため雑収入または雑損失として処理する。

通　　貨　100,000円　他人振出小切手　10,000円(振出日：X2年3月28日)

他人振出小切手　6,000円(振出日：X2年4月3日)　送金為替手形　35,000円

解答欄

決算整理後残高試算表　（単位：円）

現　　金	(　　　)	
受取手形	(　　　)	
(　　　)	(　　　)	

解　答：P.139

【2】　重要度B　標準時間２分

次の資料に基づき決算整理において必要な仕訳を行いなさい。

（資料１）

決算整理前残高試算表　（単位：円）

現金過不足	420	

（資料２）

決算整理前残高試算表の現金過不足勘定420円は、期中に現金実査を行った際に計上したものである。その後、決算において不一致の原因について以下の事項が明らかになったが、残額は不明なままであるため、雑収入または雑損失として処理する。

・現金売上の計上漏れ　850円　　・修繕代金支払いの計上漏れ　540円

・買掛金支払いの計上漏れ　760円

解答欄

借　方	金　額	貸　方	金　額

解　答：P.139

2 現金預金

【3】　　　　　　　　　　　　　　　　　　　　　　　　　**重要度B　標準時間8分**

次の当座勘定(一勘定制)に基づき、二勘定制により記帳した場合の(1)6月20日及び9月18日の仕訳(2)当座預金勘定及び当座借越勘定の記入(準大陸式)を示しなさい。

(会計期間：1月1日～12月31日)

当　座

日付	摘要	金額	日付	摘要	金額
1/1	前期繰越	54,000	5/4	買掛金	49,000
7/25	受取手形	21,000	6/20	支払手形	102,000
9/18	売掛金	92,000	12/31	残高	51,000
11/22	売上	35,000			
		202,000			202,000

解答欄

(1)　6月20日及び9月18日の仕訳

	借　　方	金　　額	貸　　方	金　　額
6/20				
9/18				

(2)　勘定記入

当　座　預　金

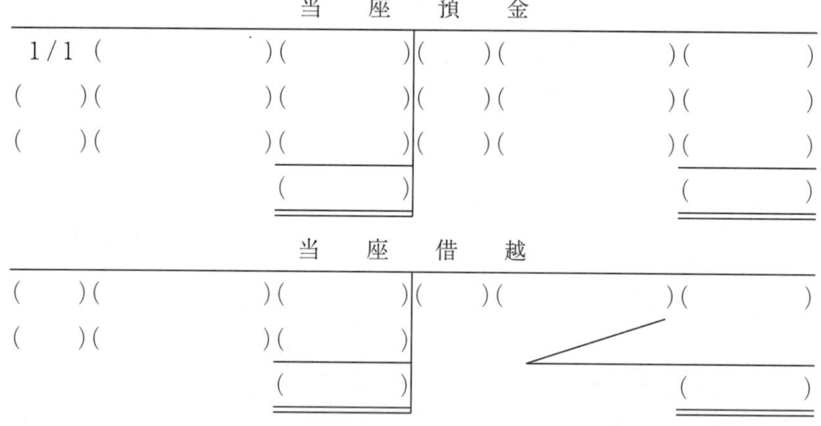

解　答：P.139

【4】 重要度A　標準時間6分

次の(資料１)及び(資料２)により、**問1**決算整理前残高試算表の当座預金勘定の金額を示すとともに、**問2**決算整理後残高試算表を作成しなさい。

(資料１)

決算整理前残高試算表　(単位：円)

借方科目	金額	貸方科目	金額
現金	150,000	買掛金	469,200
当座預金	(　　)	雑収入	5,400
売掛金	641,700		
営業費	623,800		
雑損失	13,000		

(資料２)

1．決算日現在の銀行残高証明書の金額は332,300円であり、当社の当座預金の帳簿残高との差額として次の事項が判明した。

(1) 仕入先に掛代金支払いのため振出した小切手で、まだ銀行に呈示されていないもの33,700円

(2) 決算日に銀行の営業時間外に預入れたため、銀行では翌日入金処理したもの16,000円

(3) 営業費支払いのため振出した小切手で支払先に未渡しのもの30,600円

(4) 銀行から支払いがすでに行われていた電話代金(営業費勘定使用)で未通知のもの14,000円

2．決算時に現金の実査を行ったところ、その実際有高は179,000円であり、帳簿残高との差額として次の事項が判明した。

(1) 営業費の支払いの記帳もれ27,000円

(2) 売掛金の他人振出の小切手による回収の記帳もれ60,000円

(3) その他は原因不明として雑収入または雑損失として処理する。

解答欄

問1　決算整理前残高試算表の当座預金勘定の金額　＿＿＿＿＿＿円

問2

決算整理後残高試算表　(単位：円)

借方科目	金額	貸方科目	金額
現金	(　　)	買掛金	(　　)
当座預金	(　　)	(　　)	(　　)
売掛金	(　　)	雑収入	(　　)
営業費	(　　)		
雑損失	(　　)		

解　答：P.139

【5】 重要度A　標準時間４分

次の資料に基づき、決算整理後残高試算表を作成しなさい。

（資料１） 決算整理前残高試算表

決算整理前残高試算表 （単位：円）

借方科目	金額	貸方科目	金額
当　　　座	414,000	買　掛　金	595,000
売　掛　金	618,000	未　払　金	32,000

（資料２） 銀行取引に係る事項

１．甲銀行

当座勘定のうち甲銀行に対するものは(各自推算)円である。なお、甲銀行の残高証明書の金額は464,000円であった。その差異の原因は次のとおりである。

(1) 買掛金支払いのための小切手25,000円と修繕代金支払いのための小切手16,000円を期末までに振出して記帳したが、このうち買掛金に関する小切手8,000円は相手先に交付済であるが取立てられていないものであり、残りはすべて期末現在未渡しである。

(2) 期末に得意先振出の小切手80,000円を銀行の営業時間外に預入れたが、銀行では翌日記帳となっている。

(3) 得意先から売掛金の銀行振込みがあったが、当社ではまだ記帳されていない。

２．乙銀行

当座勘定のなかに、乙銀行に対する借越が24,000円ある。

解答欄

決算整理後残高試算表 （単位：円）

借方科目	金額	貸方科目	金額
当　　　座	(　　　　)	買　掛　金	(　　　　)
売　掛　金	(　　　　)	未　払　金	(　　　　)

解　答：P.140

3　固定資産

①　有形固定資産

【1】　　重要度B　標準時間6分

次の取引の仕訳を示しなさい。(現金勘定又は当座預金勘定を使用すること。)

(1)　土地500㎡を1㎡につき8,000円で買入れ、代金は小切手を振出して支払った。なお、仲介手数料400,000円と登記料70,000円を現金で支払った。

(2)　上記の土地の地ならし費用100,000円を小切手を振出して支払った。

(3)　機械300,000円を購入し、据付費30,000円、試運転費50,000円とともに小切手を振出して支払った。

(4)　建物の工事が完成し引渡しを受けた。建物の取得価額1,000,000円のうち700,000円はすでに支払済で残額は小切手を振出して支払った。

(5)　当社は当社所有の土地(簿価7,000,000円、時価10,000,000円)を大原商事の土地(簿価6,800,000円、時価10,000,000円)と交換した。

(6)　当社は土地(時価1,750,000円)及び建物(時価850,000円)の贈与を受けた。

解答欄

	借　　方	金　　額	貸　　方	金　　額
(1)				
(2)				
(3)				
(4)				
(5)				
(6)				

解　答：P.141

【2】 重要度B　標準時間3分

次の取引を仕訳しなさい。(当座預金勘定使用)

(1) 得意先より事務用備品(時価300,000円)を、100,000円で譲受け小切手を振出し支払った際(借方)備品100,000　(貸方)当座預金100,000と処理をし、その際支払った運搬費用30,000円は仮払金勘定に計上している。なお、備品の受入価額は時価相当額で行うこと。

(2)① 大原商事は、土地取得を目的として土地4,000,000円と建物300,000円を購入し、小切手を振出した。

② その後①の建物を取壊した費用500,000円と整地費用700,000円を小切手により支払った。

解答欄

		借方	金額	貸方	金額
(1)					
(2)	①				
	②				

解　答：P.141

【3】 重要度A　標準時間3分

次の資料に基づき、決算整理後残高試算表を作成しなさい。なお、計算上円未満の端数が生じた場合は四捨五入する。(会計期間：4月1日～3月31日)

(資料1)　決算整理前残高試算表

決算整理前残高試算表　(単位：円)

建物	20,000,000	減価償却累計額	11,460,078
備品	400,000		
車両	700,000		

(資料2)　固定資産の状況は以下のとおりである。

種類	取得原価	期首帳簿価額	耐用年数	残存価額	償却方法	備考
建物A	20,000,000円	9,290,000円	30年	10%	定額法	(注1)
備品B	400,000円	112,000円	10年	10%	定額法	(注1)
車両C	700,000円	237,922円	6年	0	定率法	(注2)

(注1)　X1年3月31日以前に事業の用に供している。

(注2)　X1年4月1日以後に事業の用に供している。

(資料3)　償却率等は以下のとおりである。

耐用年数	X1年4月1日以後取得		X1年3月31日以前取得	
	定額法償却率	定率法償却率	定額法償却率	定率法償却率
6年	0.167	0.417	0.166	0.319
10年	0.100	0.250	0.100	0.206
30年	0.034	0.083	0.034	0.074

(資料4)　減価償却計算

1. X1年3月31日以前に事業の用に供した建物、備品は残存価額を取得原価の10%として計算する。
2. X1年4月1日以後に事業の用に供した車両は残存価額を0として計算する。

解答欄

決算整理後残高試算表　(単位：円)

建物	20,000,000	減価償却累計額	(　　)
備品	400,000		
車両	700,000		
減価償却費	(　　)		

解答：P.141

【4】 重要度B 標準時間4分

下記の資料に基づき、決算整理後残高試算表を作成しなさい。なお、当期の会計期間はX7年4月1日からX8年3月31日までである。

（資料1） 決算整理前残高試算表

決算整理前残高試算表 （単位：円）

借方科目	金額	貸方科目	金額
建物	5,000,000	減価償却累計額	（各自推算）
機械	2,000,000		

（資料2） 減価償却に関する事項等

種類	償却方法	耐用年数	取得年月日	備考
建物	定額法	50年	X1年3月31日以前に取得している。	（注1、2）
機械	定額法	8年	X5年4月1日	（注1、3）

（注1） X1年3月31日以前に取得した固定資産は残存価額を取得原価の10％として減価償却費を計算し、X1年4月1日以後に取得した固定資産は残存価額をゼロとして減価償却費を計算する。なお、過年度の償却は適正に行われている。

（注2） 前期末までの事業供用期間は11年である。

（注3） 当期首に新たに得られた情報に基づき、耐用年数を8年から4年に見直す会計上の見積りの変更を行った。

解答欄

決算整理後残高試算表 （単位：円）

借方科目	金額	貸方科目	金額
建物	5,000,000	減価償却累計額	（　　）
機械	2,000,000		
減価償却費	（　　）		

解答：P.141

【5】　重要度A　標準時間8分

次の各問に答えなさい。固定資産はすべて間接法により記帳している。なお、会計期間はすべて4月1日から3月31日までとし、金銭の受払いについては現金預金勘定を使用し、円未満の端数は切捨てること。また、日数計算は月割とする。

問1　次に示す資料により車両の売却時の仕訳を示しなさい。

（資　料）

車両の簿価　取得原価2,000,000円、期首における減価償却累計額1,200,000円

売 却 条 件　当期9月30日に車両の引渡しを行い、売却代金850,000円は当期11月30日に受取ることにした。

減価償却方法　旧定額法（残存価額1割）　耐用年数6年

問2　次に示す資料により機械除却時の仕訳を示しなさい。

（資　料）

当期11月末日に機械（取得原価450,000円、期首帳簿価額205,665円）を除却し、解体業者へ除却費用として10,000円を小切手を振出して支払った。（旧定率法、償却率：年0.250、残存価額：取得原価の10%）

問3　次の備品の買換に関して、⑴買換時の仕訳、⑵決算整理仕訳を示しなさい。

1．買 換 日：当期8月31日

2．旧 備 品：取得原価500,000円、期首減価償却累計額270,000円

3．新 備 品：購入価額1,000,000円、旧備品の下取代金を充てた残額850,000円は小切手を振出した。なお、新備品は9月より事業の用に供している。

4．償却方法：定額法

旧備品　耐用年数　5年　残存価額は取得原価の1割

新備品　耐用年数　5年　残存価額は取得原価の1割

解答欄

問1

借　　方	金　　額	貸　　方	金　　額

問2

借　　方	金　　額	貸　　方	金　　額

3 固定資産

問３

	借　　　方	金　　額	貸　　　方	金　　額
(1)				
(2)				

解　答：P.141

【６】

重要度Ａ　標準時間６分

下記の(資料１)及び(資料２)に基づき、決算整理後残高試算表のうち①～③の金額を示しなさい。なお、日数計算は月割とする。(決算年１回12月31日)

(資料１)　決算整理後残高試算表

決算整理後残高試算表　(単位：円)

借方科目	金額	貸方科目	金額
車　　両	1,650,000	減価償却累計額	②
減価償却費	①		
車両売却損	③		

(資料２)　車両に関する事項(これ以外に車両の期中増減はない。)

1．期中５月末日に車両(取得原価750,000円、期首帳簿価額421,875円)の買換えを行っている。旧車両の下取価額は350,000円であり、新車両の取得原価は1,050,000円であった。新車両の購入代金のうち、下取価額相殺後の残額については、翌月支払いとした。なお、新車両は翌日より事業の用に供している。

2．従来から使用している車両の期首減価償却累計額は262,500円である。

3．減価償却費を下記のとおりに計上する。

　償却方法：定率法　　償却率：年0.250　　残存価額：ゼロ

4．円未満の端数は四捨五入すること。

解答欄

①＿＿＿＿＿＿円　②＿＿＿＿＿＿円　③＿＿＿＿＿＿円

解　答：P.142

【7】 重要度B　標準時間3分

当社は(会計期間：4月1日から3月31日)当期首に建物(取得原価2,000,000円、期首減価償却累計額1,400,000円、耐用年数10年、残存価額はゼロ)について改修を行った。この結果、改修後の使用可能年数は5年になった。改修の支出額は720,000円であり、そのうち288,000円は資本的支出に該当する。減価償却費の計算は、支出後の使用可能年数で残存価額をゼロとし、計算する。

(1) 支出時の仕訳を示しなさい。(現金預金勘定使用)

(2) 決算日の仕訳を示しなさい。なお、償却方法として定額法を用いている。(記帳方法は間接法。)

(3) 仮に減価償却費の計算を、従来と同じ耐用年数を使用する場合(残存価額はゼロ)の減価償却費の金額を答えなさい。

解答欄

	借　方	金　額	貸　方	金　額
(1)				
(2)				

(3) ＿＿＿＿＿円

解　答：P.142

【8】

重要度Ａ　標準時間３分

当社はX6年４月１日にリース会社との間で所有権移転ファイナンス・リース取引を行い、リース物件である機械を資産計上した。よって、次の資料によりリース料支払時(現金預金勘定使用)の仕訳を示しなさい。

(資　料)

1．リース会社の当該機械の取得価額：184,500千円

2．リース期間：５年

3．リース料(年額)：45,000千円(毎年３月31日に後払い)

4．毎期の利息相当額については、期首リース債務残高の７％になるように利息法を用いて算定する(千円未満の端数は切捨てること)。

解答欄

(単位：千円)

	借　　方	金　　額	貸　　方	金　　額
X7年３月31日 リース料支払時				
X8年３月31日 リース料支払時				

解　答：P.142

【9】

重要度Ｂ　標準時間２分

当社は、リース会社より備品をリースにより調達した。リース料は月額75,000円とし、６ヶ月分を後払いする契約である(現金預金勘定使用)。なお、日数計算は月割とする。

よって、当社における⑴リース料の第１回支払日(11月30日)及び⑵決算日(３月31日)の仕訳を示しなさい。なお、当該リース取引は、オペレーティング・リース取引に該当するため、賃貸借処理を行うこととする。

解答欄

	借　　方	金　　額	貸　　方	金　　額
⑴				
⑵				

解　答：P.142

【10】　重要度A　標準時間5分

次に掲げる資料により、借手側の各時点における仕訳を示しなさい。

（会計期間：X1年4月1日～X2年3月31日）

（資料1）　リース契約に関する事項

X1年4月1日にリース契約を締結し、その契約内容は以下のとおりである。

1．リース物件：備品

2．解約不能リース期間：5年(リース期間終了時に無償譲渡条件が付されている。)

3．経済的耐用年数：6年

4．支払方法：毎年4月1日にリース期間にわたり先払い

(1)　リース料総額：3,450円

(2)　年額リース料：　690円

5．リース料総額の現在価値：(各自推算)円

6．借手の見積現金購入価額：　3,200円

7．追加借入利子率：年7.52%

（資料2）　その他の事項

1．リース料総額の現在価値の計算は下記の現価係数により算定すること。

1年後	2年後	3年後	4年後	5年後
0.9300	0.8650	0.8045	0.7482	0.6959

2．減価償却の計算は定額法によること。なお、残存価額はゼロとする。(間接法)

3．計算の結果円未満の端数が生じた場合はその都度、四捨五入すること。

4．リース料の支払いは現金により行う。(現金預金勘定使用)

解答欄

(1)　リース開始時

借　　方	金　　額	貸　　方	金　　額

(2)　X1年4月1日のリース料支払時

借　　方	金　　額	貸　　方	金　　額

(3)　X2年3月31日(決算時)

借　　方	金　　額	貸　　方	金　　額

3 固定資産

(4) X2年4月1日のリース料支払時(期首における再振替仕訳は既に行われている。)

借　　　方	金　　額	貸　　　方	金　　額

解　答：P.142

【11】

重要度A　標準時間4分

当社はX1年4月1日に下記の条件でリース会社より備品を所有権移転外ファイナンス・リース取引として導入している。よって、次の資料により決算整理後残高試算表を作成しなさい。

(当期：X2年4月1日～X3年3月31日)

なお、計算上円未満の端数が生じた時は円未満を切捨てること。また、減価償却の計算は定額法、残存価額はゼロとして計算する。

<リース条件等>

1．見積現金購入価額　71,000円
2．リース料　年額20,000円
3．リース料総額の現在価値　(各自推算)円
4．リース料支払方法　1年分のリース料をリース期間にわたり1年ごとに後払い
5．利息相当額算定の適用利子率　年5％
6．リース期間　4年
7．経済的耐用年数　5年
8．年利率5％で4回払いの年金現価係数は、計算の便宜上、3.53とする。

解答欄

決算整理後残高試算表　(単位：円)

リース資産	(　　　)	リース債務	(　　　)
減価償却費	(　　　)	減価償却累計額	(　　　)
支払利息	(　　　)		

解　答：P.143

【12】 重要度B　標準時間４分

当期の以下の資料に基づき、決算整理後残高試算表を作成しなさい。(円未満切捨)

なお、過去の償却計算はすべて適正であると認められる。

(会計期間：X1年４月１日～X2年３月31日)

決算整理前残高試算表　(単位：円)

建物	(　　　)	建物減価償却累計額	22,500,000
構築物	1,005,000	構築物減価償却累計額	307,641

1．建物について

従来より、耐用年数30年、残存価額ゼロ、定額法による償却計算を行っており、取得から前期末まで15年が経過している。

2．構築物について

従来、耐用年数15年、残存価額ゼロ、定率法(償却率：0.167)による償却計算を行ってきたが、当期より定額法による償却方法に変更する。

なお、変更後の耐用年数は残存耐用年数とする。また、取得から前期末まで２年が経過している。

解答欄

決算整理後残高試算表　(単位：円)

建物	(　　　)	建物減価償却累計額	(　　　)
構築物	1,005,000	構築物減価償却累計額	(　　　)
建物減価償却費	(　　　)		
構築物減価償却費	(　　　)		

解　答：P.143

3 固定資産

【13】　　重要度B　標準時間4分

次の取引の仕訳を示しなさい。(減価償却の記帳は間接法)

⑴　倉庫(取得原価850,000円、期首減価償却累計額220,000円)が火災により全焼した。この倉庫については保険金400,000円が掛けられている。なお、この倉庫に係る減価償却費を30,000円計上する。

⑵　上記に係る保険金250,000円が支払われることが決定した。

解答欄

	借　　　方	金　　額	貸　　　方	金　　額
(1)				
(2)				

解　答：P.143

【14】　　重要度B　標準時間4分

次の各問に答えなさい。なお、日数計算は月割とする。(会計期間：4月1日から3月31日)

問1　次の一連の取引の仕訳を示しなさい。(当座預金勘定使用)

⑴　資本助成の目的で、国から1,500,000円の国庫補助金を受取り、当座預金口座へ入金した。

⑵　上記⑴で受取った国庫補助金を充当し、8月1日に取得原価6,000,000円の建物を取得し小切手を振出して支払った。なお、取得後に直ちに事業の用に供している。

⑶　決算を迎えたため、国庫補助金相当額の圧縮記帳を直接減額方式により行った。また、減価償却を定額法により行う。(残存価額：ゼロ、耐用年数50年、間接法)

問2　上記問1において、積立金方式を採用した場合の決算時の減価償却費計上額を答えなさい。

解答欄

問1

	借　　　方	金　　額	貸　　　方	金　　額
(1)				
(2)				
(3)				

問2

減価償却費 ＿＿＿＿＿＿円

解　答：P.143

【15】 重要度A　標準時間３分

当期末において下記の建物及び土地からなる資産グループに減損の兆候がみられるため、減損損失の計上が必要な場合は、減損損失計上の仕訳を示しなさい。(直接法)

なお、下記の建物及び土地は、一体となって独立したキャッシュ・フローを生み出すため、個々にキャッシュ・フロー等を把握することができない。よって、減損損失の計上を行う場合は、認識された減損損失を当期末の帳簿価額に基づいて建物及び土地に配分すること(決算年１回：３月31日)。

(資　料)

	取得原価	期首帳簿価額	耐用年数	償却方法	その他
建　物	12,000円	3,576円	50年	定額法	残存価額は取得原価の10%
土　地	16,800円	16,800円	—	—	—

割引前将来キャッシュ・フローの合計額：20,000円

正味売却価額(処分費用見込額控除後)：15,120円

使用価値：13,862円

解答欄

(単位：円)

借　方	金　額	貸　方	金　額

解　答：P.143

3 固定資産

【16】

重要度B　標準時間４分

下記の資料に基づき、当期の減損損失の金額を答えなさい。（決算年１回：３月31日）

（資料１）　備品に関する事項

取得原価	耐用年数	償却方法	残存価額
4,000円	8年	定額法	取得原価の１割

（資料２）　減損に係る事項

当該備品は、当期末において減損の兆候がみられた。

1．当期末において、取得より４年が経過しており、残存耐用年数４年間における将来キャッシュ・フローの見積額は１年あたり160円である。

2．耐用年数到来時における見積処分収入額は400円である。

3．当期末の時価は1,000円であり、処分費用見込額は40円である。

4．割引率は年３％であり、４年の年金現価係数は3.71、現価係数は0.88である。なお端数が生じた場合には円未満を切り捨てること。

解答欄

当期の減損損失 [　　　　] 円

解　答：P.144

【17】

重要度B　標準時間２分

当社は、本社建物のほかに建物A・B・Cを保有し事業を営んでいる。なお、建物A・B・Cは、各々独立してキャッシュ・フローを生成しており、本社建物は共用資産に該当する。また、当期末における状況は以下の資料に示すとおりである。よって、「共用資産を加えた、より大きな単位で減損損失を計上する方法」によった場合の減損損失の金額及び共用資産に配分される金額を答えなさい(決算年１回：３月31日)。

（資　料）

（単位：千円）

	建物A	建物B	建物C	本社建物	合　計
期末帳簿価額	122,500	89,500	167,200	240,000	619,200
減損の兆候	なし	あり	あり	あり	—
割引前将来キャッシュ・フロー	—	112,000	152,400	—	601,000
回収可能価額	—	—	143,200	—	577,600

解答欄

減　損　損　失 [　　　　] 千円

共用資産に配分される金額 [　　　　] 千円

解　答：P.144

【18】 重要度A　標準時間8分

次の連続する取引について仕訳を示しなさい。(決算年1回、3月末日)

なお、計算の過程で端数が生じる場合には、計算の最後に円未満を四捨五入しなさい。また、端数の調整は第3年度期末において行うこと。

(1) 第1年度期首に機械装置18,000円(耐用年数3年、残存価額0円、定額法、間接法)を取得し小切手を振出した。当該機械装置について使用後に除去する法的義務を負っており、取得時に資産除去債務として負担する金額を負債に計上し、当該機械装置の帳簿価額を増額させる処理を行う。なお、3年後の除去費用見積額は2,000円であった。取得時の仕訳を示しなさい。(当座預金勘定使用)

　割引率：第1年度期首　年2.5%

(2) 第1年度期末における決算整理仕訳を示しなさい。なお、2年後の除去費用見積額に変更はない。

　割引率：第1年度期末　年2.5%

(3) 第2年度期末における決算整理仕訳を示しなさい。なお、当該機械装置の除去費用見積額は2,300円に増加した。

　割引率：第2年度期末　年2.0%

(4) 第3年度における除去時の仕訳を示しなさい。なお、除去債務の履行のために実際に支払われた金額は2,310円であった。(当座預金勘定使用)

解答欄

	借　方	金　額	貸　方	金　額
(1)				
(2)				
(3)				
(4)				

解　答：P.144

無形固定資産

【1】 重要度B　標準時間2分

次の資料により決算整理仕訳を示しなさい。なお、日数計算は月割とする。

（当期：X2年4月1日～X3年3月31日）

（資　料）

決算整理前残高試算表　（単位：円）

商　標　権	798	

商標権はX1年10月1日に取得したものであり、定額法により耐用年数10年で償却を行っている。

解答欄

借　方	金　額	貸　方	金　額

解　答：P.145

【2】 重要度A　標準時間3分

次の資料に基づき、各時点の仕訳を示しなさい。なお、日数計算は月割とする。

（決算年1回：X2年3月31日）

問1　X1年6月1日に自社利用の目的でソフトウェアを購入した（当座預金勘定使用）。当該ソフトウェアの導入に係る支払明細書は以下のとおりであり、ソフトウェアを利用することで将来の収益獲得が確実である。なお、当該ソフトウェアにおける取得時の見込利用可能期間は5年であり、償却方法は定額法を採用する。また、導入時において無形固定資産とする金額はソフトウェア勘定を、費用とする金額は販売管理費勘定を使用すること。

（支払明細書）

1．ソフトウェアの購入代価　220,000円

2．旧システムからのデータのコンバート費用　15,000円

3．当該ソフトウェアを自社の仕様に合わせるための付随的な修正作業費用　20,000円

4．導入のためのトレーニング費用　8,000円

問2　X2年3月31日、決算につき上記**問1**のソフトウェアの減価償却を行う。

解答欄

問1

借　　　方	金　　額	貸　　　方	金　　額

問2

借　　　方	金　　額	貸　　　方	金　　額

解　答：P.145

3 固定資産

【3】　重要度A　標準時間4分

下記の資料に基づき、各年度における見込販売数量及び見込販売収益に基づく減価償却額を算定しなさい。

（資　料）

1．無形固定資産として計上されたソフトウェア（市場販売目的）の制作費の総額288,000円（第1年度期首に取得）

2．ソフトウェアの見込有効期間　3年

3．第1年度末において、見込販売数量、見込販売収益の見直しを行った。

4．見込販売数量及び見込販売収益又は実績販売数量及び実績販売収益

① 販売開始時における見込販売数量及び見込販売収益

	第1年度	第2年度	第3年度
見込販売数量	7,200個	2,000個	2,800個
見込販売収益	7,200,000円	1,112,000円	1,288,000円

② 第1年度末

	第1年度	第2年度	第3年度
見込販売数量	7,200個（実績）	3,000個	1,800個
見込販売収益	7,200,000円（実績）	1,500,000円	900,000円

③ 第2年度末

	第1年度	第2年度	第3年度
見込販売数量	7,200個（実績）	3,000個（実績）	1,800個
見込販売収益	7,200,000円（実績）	1,500,000円（実績）	900,000円

（注1）（実績）以外は見込である。

（注2）過去に見積った見込販売数量（又は見込販売収益）はその時点での合理的な見積りに基づくものとする。

解答欄

	第1年度	第2年度	第3年度
見込販売数量に基づく減価償却額	円	円	円
見込販売収益に基づく減価償却額	円	円	円

解　答：P.145

【4】　　　**重要度A　標準時間4分**

当社は、X1年4月1日に事業A及び事業Bを営むT社を吸収合併した際にのれん520,000円を認識し、20年の定額法によって償却をしてきたが、当期末において事業Aに属する資産に減損の兆候があった。以下の資料に基づいて、のれんを加えたより大きな単位で減損損失を認識する方法によった場合の減損処理後ののれんの金額を答えなさい(決算日：X4年3月31日)。

(資　料)

1．のれんが認識された時点の事業A及び事業Bの時価は、それぞれ8,250,000円、6,750,000円であった。事業A及び事業Bは内部管理上独立した業績報告が行われている。

2．事業Aに関する当期末の状況は以下のとおりである。

(単位：円)

	建　物	備　品	土　地	の れ ん	合　計
帳簿価額	2,600,000	850,000	4,800,000	(各自推算)	(各自推算)
減損の兆候	なし	あり	あり	—	あり
割引前将来キャッシュ・フロー	2,573,000	861,000	4,520,000	—	7,954,000
回収可能価額	2,702,600	840,000	4,250,000	—	7,792,600
減損損失					(各自推算)

解答欄

減損処理後ののれんの金額 ＿＿＿＿＿＿＿＿円

解　答：P.146

3 固定資産

4 債権債務

【1】 重要度B　標準時間4分

次の取引を仕訳しなさい。なお、商品売買の記帳については三分法によること。

(1) 大宮商事は池袋商店に商品100,000円を売上げ、池袋商店が振出した約束手形を受け取った。

(2) 石川商会は横浜商店へ商品200,000円を売上げ、代金のうち150,000円は振出日が翌期の小切手を受取り残額は掛とした。

(3)① 店員の出張につき、旅費概算額20,000円を現金にて前渡しした。

② 店員が出張先より帰店し、旅費の精算をうけ、残金500円を現金で受取った。(旅費交通費勘定使用)

(4)① 大原商店は、前受金100,000円(定価の半額)を現金で受取った。

② 大原商店は、上記商品を引渡し、残額は掛とした。

解答欄

		借方	金額	貸方	金額
(1)					
(2)					
(3)	①				
	②				
(4)	①				
	②				

解　答：P.147

【2】 重要度B　標準時間3分

次の取引の仕訳を示しなさい。(会計期間：X1年4月1日～X2年3月31日)

(1)　X2年1月9日、横浜商店(当店)は町田商店に対する売掛金1,000,000円の回収として、同店振出しの約束手形を受取った。

(2)　X2年3月18日、横浜商店(当店)は渋谷商店に対する買掛金1,240,000円の決済として上記(1)の手形を裏書譲渡し、残額は約束手形を振出した。なお、手形裏書時における保証債務の時価相当額は10,000円であり、保証債務費用として処理すること。

(3)　X2年3月31日、上記(2)で裏書譲渡した手形が満期をむかえ、無事決済された。

解答欄

	借　方	金　額	貸　方	金　額
(1)				
(2)				
(3)				

解　答：P.147

【3】 重要度B　標準時間3分

次の取引の仕訳を示しなさい。(会計期間：X1年4月1日～X2年3月31日)

(1)　X1年10月28日、東京商店(当店)は池袋商店に対し商品1,400,000円を売上げ、代金のうち800,000円は同店振出しの約束手形を受取り、残額は掛とした。

(2)　X1年11月24日、東京商店(当店)は取引銀行において上記(1)の手形を割引き、割引料4,800円を差引かれ、残額を当座預金口座に入金した。なお、手形割引時における保証債務の時価相当額は8,000円であり、保証債務費用として処理すること。

(3)　X2年1月25日、上記(2)で割引いた手形が満期をむかえ、無事決済された。

解答欄

	借　方	金　額	貸　方	金　額
(1)				
(2)	(当　座　預　金)			
(3)				

解　答：P.147

4 債権債務

【4】　重要度B　標準時間5分

下記の資料に基づき決算整理後残高試算表を作成しなさい。

（資料1）　決算整理前残高試算表

決算整理前残高試算表　（単位：円）

現金預金	2,500,000	支払手形	300,000
受取手形	850,000	保証債務	1,000
手形売却損	250		
保証債務費用	1,000		

（資料2）　決算整理・修正事項

1．期中に仕入先より商品150,000円を仕入れ、期中に受取っていた得意先振出の約束手形を裏書譲渡した際に、下記の処理を行っている。なお、裏書時に見積もられた保証債務の時価は1,500円であり、保証債務費用として処理すること。

（仕　　入）　150,000　（支払手形）　150,000

2．期中に得意先から受取っていた得意先振出の約束手形200,000円について割引を行い、割引料650円を差し引かれ残額が当座口座に入金されていたが、その処理を失念している。なお、割引時に見積もられた保証債務の時価は2,000円であり、保証債務費用として処理すること。また、当該手形については決算日現在、満期日は到来していない。

3．当期中に割引に付していた手形(上記2．は除く。)が満期日に無事決済されていたが、満期日における処理を失念している。なお、決算整理前残高試算表の保証債務は全額当該手形を割引いた際に計上したものである。

解答欄

決算整理後残高試算表　（単位：円）

現金預金	(　　)	支払手形	(　　)
受取手形	(　　)	保証債務	(　　)
手形売却損	(　　)	(　　)	(　　)
保証債務費用	(　　)		

解　答：P.147

5 引当金

貸倒引当金

【1】　　　　重要度A　標準時間2分

次の資料に基づき決算整理後残高試算表を作成しなさい。

（資料1）　決算整理前残高試算表

決算整理前残高試算表　　　（単位：円）

借方科目	金額	貸方科目	金額
受取手形	300,000	貸倒引当金	17,500
売掛金	500,000		
貸倒損失	7,750		

（資料2）　決算整理事項

1．貸倒損失の内訳は次のとおりである。

⑴　当期発生売掛金の貸倒れ額　3,750円

⑵　前期発生売掛金の貸倒れ額　4,000円

2．期末の債権残高は全額一般債権であり、過去の貸倒実績により2％の貸倒引当金を差額補充法により設定する。なお、決算整理前残高試算表の貸倒引当金の金額は全て一般債権に係るものである。

解答欄

決算整理後残高試算表　　　（単位：円）

借方科目	金額	貸方科目	金額
受取手形	300,000	貸倒引当金	(　　　)
売掛金	500,000		
貸倒損失	(　　　)		
貸倒引当金繰入	(　　　)		

解　答：P.148

【2】 重要度B　標準時間5分

次の資料に基づき、決算整理後残高試算表を作成しなさい。

（会計期間：X1年4月1日～X2年3月31日）

（資料1）　決算整理前残高試算表

決算整理前残高試算表　（単位：円）

借方科目	金額	貸方科目	金額
現金預金	52,600	貸倒引当金	3,060
受取手形	58,000	受取利息	5,000
売掛金	78,000		
貸付金	100,000		

（資料2）　決算整理事項等

1．得意先B商店より受取っていた約束手形3,000円につき支払を拒絶され、不渡となったため、破産更生債権等勘定へ振替えること。

2．貸倒引当金は差額補充法により設定する。

(1)　受取手形及び売掛金の期末残高は一般債権として、過去の貸倒実績に基づき2％を設定する。

(2)　決算整理前残高試算表の貸付金は、I社に対するもの（返済期日：X4年3月31日、利率：年5％、利払日：年1回、3月31日）である。当期末において利息を受取った後、先方からの条件緩和の申し出を受入れ、来年度以降の年利率を5％から3％に引き下げた。よって、当該貸付金を貸倒懸念債権に区分し、キャッシュ・フロー見積法により設定する。なお、割引現在価値の計算上、2年5％の年金現価係数1.859、2年5％の現価係数0.907を使用すること。

(3)　破産更生債権等は、財務内容評価法により保証による回収見込額を控除した残額の全額を設定する。なお、保証による回収見込額は1,500円である。

(4)　決算整理前残高試算表の貸倒引当金は全額一般債権に係るものである。

解答欄

決算整理後残高試算表　（単位：円）

借方科目	金額	貸方科目	金額
現金預金	52,600	貸倒引当金	（　　）
受取手形	（　　）	受取利息	5,000
売掛金	78,000	（　　）	（　　）
貸付金	100,000		
破産更生債権等	（　　）		
（　　）	（　　）		

解　答：P.148

【3】　　重要度C　標準時間6分

下記に掲げる資料により決算整理後残高試算表を作成しなさい。なお、計算の過程で円未満の端数が生じた場合には円未満を四捨五入すること。

（会計期間：X2年4月1日～X3年3月31日）

（資料1）　決算整理前残高試算表

決算整理前残高試算表　（単位：円）

現金預金	100,000	貸倒引当金	128,404
受取手形	450,000		
売掛金	300,000		
貸付金	1,200,000		

（資料2）　決算修正事項等

1．決算整理前残高試算表の受取手形のうち65,000円については、甲社に対するものであり貸倒懸念債権に区分される。また、85,000円については乙社に対するものであるが、同社に対して更生計画の認可決定があったため、当該債権は破産更生債権等に区分されるものとして、破産更生債権等勘定へ振替えること。

なお、これらの債権はすべて当期に発生したものであり、これら以外のものは一般債権に区分される。

2．決算整理前残高試算表の売掛金はすべて一般債権に区分される。

3．決算整理前残高試算表の貸付金はすべて前期首に丙社に対して、利払日毎年3月31日、約定利率年5％、返済期日X6年3月31日、一括返済の約定で貸付けたものであるが、前期末の利払後、丙社の業績悪化を理由に約定利率を年2％に引き下げることに合意した。この合意に伴い、前期末より貸倒懸念債権に区分されキャッシュ・フロー見積法により貸倒引当金を設定しているが、当期末の利払日の仕訳が未処理である。なお、条件緩和後の割引現在価値の総額は下記のとおりである。

X2年3月31日における割引現在価値…1,072,346円

4．決算整理前残高試算表の貸倒引当金は、前期末において一般債権と上記3.の貸付金について設定したものである。

5．貸倒引当金を以下の方法により設定する。

⑴　一般債権に区分された債権については、貸倒実績率法に基づき0.9％の貸倒引当金を差額補充法により設定する。

⑵　貸倒懸念債権に区分された甲社に対する債権については、財務内容評価法により保証による回収見込額25,000円を控除した残額に50％を乗じた額を貸倒引当金として設定する。

⑶　破産更生債権等に区分された乙社に対する債権については、財務内容評価法により保証による回収見込額50,000円を控除した残額を貸倒引当金として設定する。

5
引当金

解答欄

決算整理後残高試算表　（単位：円）

現金預金	（　　）	貸倒引当金	（　　）
受取手形	（　　）	（　　　　）	（　　）
売掛金	（　　）		
貸付金	（　　）		
破産更生債権等	（　　）		
貸倒引当金繰入	（　　）		

解　答：P.148

② 賞与引当金

【1】　重要度A　標準時間2分

次の資料により、決算整理後残高試算表を作成しなさい。なお、日数計算は月割とする。

（会計期間：4月1日～3月31日）

（資　料）

決算整理前残高試算表　（単位：円）

賞与手当	6,840,000	賞与引当金	2,160,000

当社の賞与支給対象期間は、毎年6月～11月と12月～5月であり、その支給日は12月10日と6月10日である。

賞与手当は、当期の支給日にその支給額をもって計上されたものであるため適正な修正を行いなさい。

なお、翌期6月10日の賞与支給日には3,600,000円を支給する予定であるため、決算において賞与引当金を見積計上する。

解答欄

決算整理後残高試算表　（単位：円）

賞与手当	（　　）	賞与引当金	（　　）
賞与引当金繰入	（　　）		

解　答：P.149

6　有価証券

【1】

重要度B　標準時間7分

次の(資料)に基づき、仕訳を示しなさい。(決算年1回：3月31日)

(資　料)

当社は売買目的で甲社株式のみ保有しており、その売買状況は次に示すとおりである。なお、評価方法は総平均法によることとし、受払は当座預金勘定を使用すること。

(1)　4月14日に初めて甲社株式40株を@690円(時価)で取得し、手数料1,300円とあわせて小切手で支払った。

(2)　7月16日に甲社株式60株を@700円(時価)で取得し、手数料2,520円とあわせて小切手で支払った。

(3)　10月18日に甲社株式20株を@750円(時価)で売却した。

(4)　2月1日に甲社株式40株を@730円(時価)で取得し、手数料1,680円とあわせて小切手で支払った。

(5)　3月31日に決算をむかえた。甲社株式の時価は@780円である。売買目的有価証券から生じる損益は、有価証券運用損益勘定を用いて示すこと。

解答欄

	借　方	金　額	貸　方	金　額
4/14				
7/16				
10/18				
2/1				
3/31				

解　答：P.150

【2】 重要度A　標準時間3分

当期首に発行と同時に取得した社債券に関する決算日に必要な仕訳及び決算整理後残高試算表を発行条件等を基に示しなさい。なお、当期の3月31日における利息の受取りの処理はまだ行われていない。また、クーポン利息の受取りについては「現金預金」勘定で処理すること。

（会計期間：X6年4月1日からX7年3月31日）

決算整理前残高試算表　（単位：円）

借方	金額	貸方	金額
投資有価証券	（各自推算）	有価証券利息	16,920

（発行条件）

額面金額500,000円、発行価額470,000円、償還期限3年

約定利子率　年5％、実効利子率　年7.2％、利払日　毎年9月及び3月各末日

保有目的　満期保有目的

取得差額は金利調整差額と認められるため、償却原価法（利息法）を適用する。

（注意事項）

1．利息計算は月割計算とする。

2．計算上生じた円未満の端数は四捨五入すること。

解答欄

借　　方	金　　額	貸　　方	金　　額

決算整理後残高試算表　（単位：円）

借方	金額	貸方	金額
投資有価証券	（　　）	有価証券利息	（　　）

解　答：P.150

【3】　　重要度A　標準時間3分

次の(資料1)及び(資料2)により、損益計算書及び貸借対照表を作成しなさい。

(会計期間：X6年4月1日～X7年3月31日)

(資料1)　決算整理前残高試算表

決算整理前残高試算表　(単位：円)

投資有価証券	974,800	有価証券利息	25,000

(資料2)　投資有価証券に関する事項

決算整理前残高試算表の投資有価証券はX3年4月1日に発行と同時に購入した10年満期の社債である。この社債は額面1,000,000円、約定利率年5％、利払日は9月末と3月末の年2回であるが、3月末の利払日の処理が未処理である。また、当社はこの社債を償還日まで保有する予定であり、取得差額は全額金利調整差額と認められるため期末において償却原価法(定額法)による処理を行う。なお、過年度の処理は全て適正である。また、利息の計算は月割りにより行うこと。

解答欄

損益計算書　(単位：円)

		有価証券利息	(　　　)

貸借対照表　(単位：円)

投資有価証券	(　　　)		

解　答：P.150

【4】 重要度Ａ　標準時間４分

次に掲げる資料に基づき、決算整理後残高試算表を作成するとともに翌期首の振戻し仕訳を示しなさい。（会計期間：４月１日から３月31日）

（資料１）　決算整理前残高試算表

決算整理前残高試算表　（単位：円）

投資有価証券	640,000		
関係会社株式	450,000		

（資料２）　決算整理事項

１．決算整理前残高試算表の投資有価証券は、すべて当期中に取得したものであり、当期末における保有状況は下記のとおりである。

２．当社はその他有価証券の評価差額の処理方法に全部純資産直入法を採用している。なお、税効果会計を適用すること。

３．法定実効税率は35％である。

銘　柄	取得原価	期末時価	備　考
Ａ社株式	360,000円	392,000円	その他有価証券
Ｂ社株式	280,000円	266,000円	その他有価証券
Ｃ社株式	450,000円	438,000円	関連会社株式

解答欄

決算整理後残高試算表　（単位：円）

投資有価証券	（　　　）	繰延税金負債	（　　　）
関係会社株式	（　　　）	その他有価証券評価差額金	（　　　）
繰延税金資産	（　　　）		

翌期首の振戻し仕訳

借　　方	金　　額	貸　　方	金　　額

解　答：Ｐ.150

【5】 重要度Ａ　標準時間４分

当社は、当期にＡ社発行の社債10,000口を発行と同時に保有目的をその他有価証券として取得した。よって、次の資料により、損益勘定及び残高勘定を作成し、翌期首の振戻し仕訳を行いなさい。なお、額面金額と取得価額との差額は金利調整差額であると認められるため、償却原価法(定額法)を適用する。(会計期間：X6年４月１日～X7年３月31日)

(資料１)　決算整理前残高試算表

決算整理前残高試算表　(単位：円)

投資有価証券	960,000	

(資料２)　発行条件

発行日　X6年10月１日

額面金額@100円、取得価額@96円、償還期間５年

利払日　毎年９月と３月の各末日、約定利率　年６％

(資料３)　決算整理事項

1．Ａ社発行の社債には市場価格があり、当期末における市場価格は978,500円である。

2．期末評価については、全部純資産直入法により処理を行い、税効果会計を適用する。

3．法定実効税率は35％とする。

4．３月末の利払日の処理が行われていない。なお、利息の計算は月割計算とする。

解答欄

(日付省略)　損　益

	有価証券利息　(　　)

(日付省略)　残　高

投資有価証券　(　　)	繰延税金負債　(　　)
	その他有価証券評価差額金　(　　)

翌期首の振戻し仕訳

借　方	金　額	貸　方	金　額

解　答：P.151

6 有価証券

【6】　　重要度A　標準時間3分

次に掲げる資料に基づき、損益計算書、貸借対照表及び翌期首の振戻し仕訳を示しなさい。

また、仕訳がない場合には借方欄に「仕訳なし」と明示すること。

（資料1）　決算整理前残高試算表

決算整理前残高試算表　(単位：円)

投資有価証券	1,640,000	

（資料2）　決算整理事項

決算整理前残高試算表の投資有価証券の内訳は、以下のとおりである。

銘柄	帳簿価額	期末時価	保有株数	備考
甲社株式	880,000円	820,000円	10,000株	子会社株式
乙社株式	480,000円	――	6,000株	関連会社株式(注1)
丙社株式	280,000円	123,500円	5,000株	その他有価証券(注2)

（注1）　乙社株式は市場価格のない株式であり、乙社の財政状態は著しく悪化しているため、相当の減額を行う。なお、乙社の当期末貸借対照表は以下のとおりである。また、乙社の発行済株式数は30,000株である。

乙社　貸借対照表　(単位：円)

諸資産	4,500,000	諸負債	3,540,000
		資本金	1,500,000
		繰越利益剰余金	△540,000
	4,500,000		4,500,000

（注2）　丙社株式の時価は著しく下落しており、回復見込みは不明である。

解答欄

損益計算書　(単位：円)

投資有価証券評価損	(　　　　)	
関係会社株式評価損	(　　　　)	

貸借対照表　(単位：円)

投資有価証券	(　　　　)	
関係会社株式	(　　　　)	

翌期首の振戻し仕訳

借方	金額	貸方	金額

解　答：P.151

【7】 重要度Ａ　標準時間６分

次の資料により決算整理後残高試算表を作成しなさい。なお、利息計算は月割計算とする。

決算日：年１回12月31日

（資料１） 決算整理前残高試算表

決算整理前残高試算表 （単位：円）

有価証券	5,980,000	有価証券利息	20,000
投資有価証券	8,640,000		

（資料２） 当期末における有価証券の保有状況

銘柄	帳簿価額	保有株(口)数	１株(口)当たりの時価	備考
Ａ社株式	3,250,000円	5,000株	675円	売買目的有価証券
Ｂ社株式	2,730,000円	3,000株	860円	売買目的有価証券
Ｃ社株式	4,050,000円	4,500株	950円	その他有価証券 （注１）
Ｄ社株式	3,650,000円	5,000株	（各自推算）円	その他有価証券 （注１）
Ｅ社社債	940,000円	10,000口	95.7円	満期保有目的債券(注２)

（注１） 全部純資産直入法により処理し、税効果会計を適用すること。(法定実効税率35％)

（注２） Ｅ社社債は、当期７月１日に940,000円(額面総額1,000,000円、償還期間は３年)で発行と同時に取得したものである。なお、取得価額と額面総額との差額は、すべて金利調整差額であり、償却原価法(定額法)により処理するものとする。また、利払日(６月及び12月各末日、約定利率年４％)の処理は適正に処理済みである。

解答欄

決算整理後残高試算表 （単位：円）

有価証券	（　　）	繰延税金負債	（　　）
投資有価証券	（　　）	その他有価証券評価差額金	48,750
繰延税金資産	（　　）	有価証券利息	（　　）
有価証券評価損益	（　　）		

解　答：P.151

【8】 重要度B　標準時間6分

下記の資料に基づき、(1)〜(3)の場合におけるA社株式の保有目的区分変更に伴う振替時の仕訳及び決算時の仕訳を答えなさい。また、仕訳がない場合には借方欄に「仕訳なし」と示しなさい。

(決算年1回：3月31日)

(資　料)　当期末保有A社株式に関する事項

1．取得価額：9,800円　2．前期末時価：10,000円

3．振替時時価：10,500円　4．当期末時価：11,500円

5．取得後前期までに減損処理を適用した事実はない。

6．その他有価証券の評価は、全部純資産直入法により行い、法定実効税率35%として税効果会計を適用すること。

(1)　当社は、前期よりA社株式(売買目的有価証券に該当：洗替法)を保有していたが、経営者の交代に伴いトレーディング取引を行わないこととしたため、その他有価証券に振替えることとした。

(2)　当社は、前期以前よりA社株式(その他有価証券に該当)を保有していたが、資金運用方針の変更に伴いトレーディング取引を開始することとしたため、売買目的有価証券に振替えることとした。

(3)　当社は、前期以前よりA社株式(その他有価証券に該当)を保有していたが、当期中に追加取得したため持分比率が増加し、A社が当社の子会社に該当することになった。

解答欄

(1)

	借　　方	金　額	貸　　方	金　額
振替時				
決算時				

(2)

	借　　方	金　額	貸　　方	金　額
振替時				
決算時				

(3)

	借　　方	金　額	貸　　方	金　額
振替時				
決算時				

解　答：P.152

【9】　　　　　　　　　　　　　　　　　　　　重要度B　標準時間3分

以下の資料に基づき決算整理後残高試算表を作成しなさい。

（資料1）　決算整理前残高試算表

決算整理前残高試算表　（単位：千円）

借方科目	金額	貸方科目	金額
有価証券	173,500	受取配当金	1,200
投資有価証券	560,000		

（資料2）　決算整理事項等

当社が所有している有価証券及び投資有価証券は以下のとおりである。

銘柄	帳簿価額	当期末時価	保有目的	備考
A社株式	173,500千円	172,000千円	売買目的有価証券	（注1）
B社株式	220,000千円	225,700千円	その他有価証券	（注1、2）
C社株式	340,000千円	344,500千円	その他有価証券	（注2）

（注1）　当期中にA社及びB社から以下のとおりの配当を受けたが、当社は配当金の合計額を受取配当金に計上しているのみである。

A社：配当金500千円

うちその他資本剰余金からの配当110千円

B社：配当金700千円

うちその他資本剰余金からの配当300千円

（注2）　評価差額の処理は全部純資産直入法を採用し、法定実効税率は35%として税効果会計を適用すること。

解答欄

決算整理後残高試算表　（単位：千円）

借方科目	金額	貸方科目	金額
有価証券	（　　　）	繰延税金負債	（　　　）
投資有価証券	（　　　）	その他有価証券評価差額金	（　　　）
有価証券評価損益	（　　　）	受取配当金	（　　　）

解　答：P.152

【10】 重要度A　標準時間5分

下記の資料に基づき、決算整理後残高試算表を作成しなさい。なお、当社はその他有価証券の評価差額の処理方法として全部純資産直入法(税効果会計を適用すること。)により処理している。また、法定実効税率は35%とする。(会計期間：X6年4月1日～X7年3月31日)

(資料1)　決算整理前残高試算表

決算整理前残高試算表　(単位：円)

借方科目	金額	貸方科目	金額
現金預金	1,891,000	有価証券利息	25,000
投資有価証券	1,786,000		
関係会社株式	580,000		

(資料2)　投資有価証券勘定及び関係会社株式勘定の内訳は下記のとおりである。

銘柄	保有目的	帳簿価額	振替日時価	決算日時価	備考
A社株式	関係会社	580,000円	―――	1,220,000円	(注1)
B社株式	その他有価証券	826,000円	860,000円	882,000円	(注2)
C社社債	その他有価証券	(各自推算)円	―――	980,000円	(注3)

(注1)　当社は、A社株式を前期以前より保有しており、当期において新たに小切手を振出し@464円で1,500株の追加購入を行ったが、未処理であった。

(注2)　企業環境の変化から当期より短期的な売買(トレーディング取引)を開始することとし、B社株式の保有目的を売買目的有価証券の区分に変更することとしたが、保有目的区分の変更に係る振替処理が未処理である。

(注3)　C社社債は当期10月1日において発行と同時に取得(5年後満期)したものである。額面総額(各自推算)円と取得価額との差額は、すべて金利調整差額であり、償却原価法(定額法)で処理すること。クーポン利率は年5%、利払日は9月と3月の各末日である。なお、利息計算は月割計算とする。

解答欄

決算整理後残高試算表　(単位：円)

借方科目	金額	貸方科目	金額
現金預金	(　　)	繰延税金負債	(　　)
有価証券	(　　)	その他有価証券評価差額金	(　　)
投資有価証券	(　　)	有価証券利息	(　　)
関係会社株式	(　　)	有価証券評価損益	(　　)
		投資有価証券評価損益	(　　)

解　答：P.152

【11】 重要度Ｃ　標準時間10分

Ｄ社(決算日は３月31日)はX4年から３年間、毎年４月１日に同日新規発行された額面１千万円の国債(順に第１回国債、第２回国債、第３回国債)を購入してきた。それらの取得価額はいずれも額面と異なる。いずれの国債も10年満期、金利は年６％で利払いは年１回３月31日とする。Ｄ社はこれらの国債を満期まで保有する目的で購入し、現在も所有している。次の(資料１)から(資料５)に基づいて、(資料６)Ｄ社の会計処理の①から④に適当な金額を記入しなさい。なお、計算過程で円未満の端数が生じたときは、その都度、四捨五入すること。

(資料１)　期末における評価は利息法による償却原価法を採用している。

	第１回国債	第２回国債	第３回国債
利息法での実効利子率	7.0％	6.7％	6.4％

利息法による償却原価法：債券を債券金額より低い価額又は高い価額で取得した場合において、当該差額に相当する金額を償還期に至るまで毎期一定の方法で貸借対照表価額に加減する方法を償却原価法という。その原則法である利息法とは、債券の利息受取総額と金利調整差額の合計額を債券の帳簿価額に対し一定率(これを「実効利子率」という。)となるように、複利をもって各期の損益に配分する方法をいう。

(資料２)　過去３年間における有価証券利息

(単位：円)

	X5年３月決算	X6年３月決算	X7年３月決算
有価証券利息の金額	650,835	1,290,991	1,918,761

(資料３)　各決算日におけるこれら国債の時価

(単位：円)

	X5年３月31日	X6年３月31日	X7年３月31日
第　１　回　国　債	9,400,000	9,500,000	9,650,000
第　２　回　国　債	――	9,550,000	9,700,000
第　３　回　国　債	――	――	9,750,000

(資料４)　国債取得に関して付随費用は一切発生しないものとする。

(資料５)　Ｄ社はこれらの国債以外に有価証券は保有していない。

（資料６） Ｄ社の会計処理

(1) X4年４月１日の国債の購入に関する仕訳

X5年３月決算における有価証券利息の金額から第１回国債の購入金額を求めなさい。

（単位：円）

借　　　方	金　　額	貸　　　方	金　　額
満期保有目的債券	①	現　金　預　金	①

(2) X5年４月１日の国債の購入に関する仕訳

（単位：円）

借　　　方	金　　額	貸　　　方	金　　額
満期保有目的債券	②	現　金　預　金	②

(3) X7年３月31日の国債の評価に係る仕訳

（単位：円）

借　　　方	金　　額	貸　　　方	金　　額
満期保有目的債券	③	*	③

*は科目名を省略しているが、ここに正しく記されているとみなして解答しなさい。

(4) X7年３月31日に保有している国債の償却原価の総額は(　④　)円である。

解答欄

①	円	②	円
③	円	④	円

解　答：P.153

7　商品売買

普通商品売買

【1】　　重要度Ａ　標準時間９分

下記に示す資料に基づき、次の各問に答えなさい。なお、各問については⑴分記法⑵三分法⑶売上原価計上法⑷総記法に分けて解答しなさい。

問１　期中取引の仕訳を示しなさい。

問２　決算整理前残高試算表を示しなさい。

問３　決算整理仕訳を示しなさい。なお、仕訳不要の場合には、仕訳の借方欄に「仕訳なし」と明記すること。

問４　決算整理後残高試算表を示しなさい。

（資　料）

１．期 首 有 高　　120個　　@80円（原価）

２．当期仕入高　1,500個　　@80円（原価）｝仕入及び売上については全て掛取引とする。

３．当期売上高　1,400個　　@120円（売価）｝仕入及び売上については全て掛取引とする。

解答欄

問１

⑴　分記法

	借　方	金　額	貸　方	金　額
2.				
3.				

⑵　三分法

	借　方	金　額	貸　方	金　額
2.				
3.				

⑶　売上原価計上法

	借　方	金　額	貸　方	金　額
2.				
3.				

(4) 総記法

	借　　方	金　　額	貸　　方	金　　額
2.				
3.				

問2

(1) 分記法

決算整理前残高試算表 (単位：円)

商　　品 (　　　)	商品販売益 (　　　)

(2) 三分法

決算整理前残高試算表 (単位：円)

繰越商品 (　　　)	売　　上 (　　　)
仕　　入 (　　　)	

(3) 売上原価計上法

決算整理前残高試算表 (単位：円)

商　　品 (　　　)	売　　上 (　　　)
売上原価 (　　　)	

(4) 総記法

決算整理前残高試算表 (単位：円)

	商　　品 (　　　)

問3

(1) 分記法

借　　方	金　　額	貸　　方	金　　額

(2) 三分法

借　　方	金　　額	貸　　方	金　　額

(3) 売上原価計上法

借　　方	金　　額	貸　　方	金　　額

(4) 総記法

借　　方	金　　額	貸　　方	金　　額

問4

(1) 分記法

決算整理後残高試算表 (単位：円)

商品	( )	商品販売益	( )

(2) 三分法

決算整理後残高試算表 (単位：円)

繰越商品	( )	売上	( )
仕入	( )		

(3) 売上原価計上法

決算整理後残高試算表 (単位：円)

商品	( )	売上	( )
売上原価	( )		

(4) 総記法

決算整理後残高試算表 (単位：円)

商品	( )	商品販売益	( )

解 答：P.155

【2】 重要度C 標準時間4分

下記の資料により次の各問に答えなさい。(会計期間：4月1日～3月31日)

問1 取引番号(1)～(5)の仕訳を示しなさい。

問2 損益計算書を示しなさい。

(資 料)

商品売買の会計処理は分記法を採用しており、取引番号(1)～(5)が同一のものは、同一取引を示している。

商品

4/1	前期繰越	300	(2)	売掛金	1,800
(1)	買掛金	2,100	(3)	買掛金	200
(4)	売掛金	200	3/31	棚卸減耗損	100
			〃	残高	500
		2,600			2,600

商品販売益

(4)	売掛金	50	(2)	売掛金	450
(5)	売掛金	30			
3/31	損益	370			
		450			450

解 答 欄

問1

	借　　方	金　額	貸　　方	金　額
(1)				
(2)				
(3)				
(4)				
(5)				

問2

損益計算書　　（単位：円）

Ⅰ 売上高		(　　　)
Ⅱ 売上原価		
期首商品棚卸高	(　　　)	
当期商品仕入高	(　　　)	
合計	(　　　)	
期末商品棚卸高	(　　　)	(　　　)
売上総利益		(　　　)
Ⅲ 販売費及び一般管理費		
棚卸減耗損	(　　　)	

解　答：P.155

【3】　　重要度A　標準時間2分

次の資料により決算整理後残高試算表を作成しなさい。

（資　料）

決算整理前残高試算表　（単位：円）

繰越商品	15,000	売上	（　　）
仕入	124,500		

1．期末商品帳簿棚卸高　23,000円

2．仕入から仕入値引2,000円、仕入割引3,500円が控除されている。

3．売上から売上返品5,000円が控除されている。

4．当期の原価率は80％である。

解答欄

決算整理後残高試算表　（単位：円）

繰越商品	（　　）	売上	（　　）
仕入	（　　）	（　　）	（　　）

解　答：P.156

商品有高帳

【1】

重要度C　標準時間6分

次の資料により商品有高帳の記入を行いなさい。なお、当社の決算日は年1回3月31日である。

（資　料）

商品の受払いはすべて売買によるものであり、先入先出法を採用している。

3/1	前月繰越	400個	@180円
8	受入	200個	@216円
15	払出	500個	
22	受入	400個	@240円
29	払出	300個	

解答欄

（先入先出法）　商品有高帳　（単位：個、円）

日付		摘要	受入欄			払出欄			残高欄		
			数量	単価	金額	数量	単価	金額	数量	単価	金額
3	1	前月繰越	400	180	72,000				400	180	72,000
	8	受入									
	15	払出									
	22	受入									
	29	払出									
	31	次期繰越									

解　答：P.156

【2】 重要度B　標準時間５分

次の(資料１)及び(資料２)により損益計算書、貸借対照表を作成しなさい。

(会計期間：４月１日～３月31日)

(資料１)

決算整理前残高試算表　(単位：円)

繰越商品	10,000	売上	50,400
仕入	(各自推算)		

(資料２)

(先入先出法)　商品有高帳　(単位：個、円)

日付		摘要	受入欄			払出欄			残高欄		
			数量	単価	金額	数量	単価	金額	数量	単価	金額
4	1	前期繰越	(　)	100	(　)				(　)	100	(　)
6	18	仕入	100	120	12,000				(　)	100	(　)
									100	120	12,000
8	15	売上				(　)	100	(　)			
						30	120	3,600	70	120	8,400
11	20	仕入	(　)	140	(　)				70	120	8,400
									(　)	140	(　)
1	25	売上				70	120	8,400			
						(　)	140	(　)	150	140	21,000
3	31	棚卸減耗損				(　)	140	(　)	(　)	140	(　)
	〃	次期繰越				145	140	20,300			
			(　)		(　)	(　)		(　)			

当社は従来より単一商品を販売しており、１個あたりの販売価格は毎期180円で一定である。

解答欄

損益計算書　(単位：円)

期首商品棚卸高	(　)	売上高	(　)
当期商品仕入高	(　)	期末商品棚卸高	(　)
棚卸減耗損	(　)		

貸借対照表　(単位：円)

商品	(　)	

解答：P.156

期末商品の評価

【1】

重要度A　標準時間3分

次の資料により決算整理仕訳を示しなさい。

決算整理前残高試算表　　(単位：円)

繰越商品	40,000	売上	320,000
仕入	250,000		

(資　料)　期末手許商品棚卸高

帳簿棚卸高(原価)　(各自推算)円

実地棚卸高(原価)　45,000円

なお、当期の原価率は75%(期中一定)であり、仕入・売上に関する値引・返品等は一切ない。また、帳簿棚卸高(原価)と実地棚卸高(原価)との差額は棚卸減耗損として処理する。

解答欄

借方	金額	貸方	金額

解　答：P.157

【2】 重要度A　標準時間6分

次の資料により必要な決算整理仕訳(三分法)を示し、損益計算書を作成しなさい。

なお、商品の評価損については切放法により処理を行う。

(資　料)
① 当期売上高　2,800,000円
② 当期仕入高　2,500,000円
③ 期首商品棚卸高　340,000円
④ 期末商品棚卸高
帳簿棚卸数量　1,000個　取得原価　@350円
実地棚卸数量　900個　期末正味売却価額　@320円

解答欄

借　方	金　額	貸　方	金　額

損益計算書　(単位：円)

Ⅰ 売上高		(　　)
Ⅱ 売上原価		
期首商品棚卸高	(　　)	
当期商品仕入高	(　　)	
合計	(　　)	
期末商品棚卸高	(　　)	
差引	(　　)	
(　　)	(　　)	(　　)
売上総利益		(　　)
Ⅲ 販売費及び一般管理費		
棚卸減耗損	(　　)	(　　)
営業利益		(　　)

(以　下　省　略)

解　答：P.157

【3】　　重要度B　標準時間3分

次の資料によって、売価還元原価法によった場合の⑴原価率、⑵期末実地棚卸原価及び⑶棚卸減耗損の金額を求めなさい。

	原　価	売　価
期首繰越商品	420,000円	503,000円
当期仕入原価総額	1,360,000円	
原始値入額		380,000円
値　上　額		24,000円
値上取消額		13,000円
値　下　額		36,000円
値下取消額		7,000円
期末商品実地棚卸高		390,000円
当期売上高		1,800,000円

解答欄

⑴ ＿＿＿＿＿(小数で表記すること)　⑵ ＿＿＿＿＿円　⑶ ＿＿＿＿＿円

解　答：P.157

【4】　　重要度B　標準時間4分

次の資料により、値下額及び値下取消額を除外した売価還元法(売価還元低価法)によった場合の⑴原価率、⑵商品の貸借対照表価額を計算しなさい。なお、商品評価損の会計処理方法は切放法によっている。

（資　料）　当期の商品に関する事項

	原　価	売　価
期首商品原価	324,000円	405,000円
当期商品仕入原価	4,980,000円	6,180,000円
値　上　額		250,000円
値上取消額		35,000円
値　下　額		210,000円
値下取消額		40,000円
期末実地商品		420,000円

解答欄

⑴ ＿＿＿＿＿(小数で表記すること)　⑵ ＿＿＿＿＿円

解　答：P.158

④ 仕入諸掛

【1】 重要度C　標準時間5分

次の資料に基づき決算整理仕訳を示しなさい。(評価方法は総平均法)

(資　料)

決算整理前残高試算表 (単位：円)

繰越商品	15,000	売上	570,625
繰延仕入諸掛	1,500		
仕入	450,000		
仕入諸掛費	45,000		

期末商品帳簿棚卸高(原価)　50,000円(諸掛を含まない)

期末商品実地棚卸高(原価)　45,000円(諸掛を含まない)

解答欄

借方	金額	貸方	金額

解　答：P.158

その他

【1】　　重要度B　標準時間4分

次の決算整理前残高試算表(資料1)と期末棚卸に関する事項(資料2)により決算整理仕訳を示し、決算整理後残高試算表を作成しなさい。

(資料1)

決算整理前残高試算表　(単位：円)

借方	金額	貸方	金額
繰越商品	10,000	売上	180,000
仕入	100,000		

(資料2)　期末棚卸に関する事項

帳簿棚卸原価　20,000円(適正額)　　実地棚卸原価　18,000円(適正額)

正味売却価額　14,000円

当期中において1,000円(原価)を見本品として使用したが未処理である。

解答欄

借方	金額	貸方	金額

決算整理後残高試算表　(単位：円)

借方	金額	貸方	金額
繰越商品	(　　)	売上	180,000
仕入	(　　)		
見本品費	(　　)		
棚卸減耗損	(　　)		
商品評価損	(　　)		

解　答：P.158

【2】 重要度B　標準時間１分

次に掲げる資料により精算表を完成させなさい。ただし減耗損は別科目で表示し、売上原価は仕入の行で計算すること。

（資　料）

期末商品棚卸高　帳簿　　200円（原価）
　　　　　　　　実地　　180円（原価）

解答欄

精　　算　　表　　（単位：円）

勘定科目	残高試算表		決算整理		損益計算書		貸借対照表	
	借方	貸方	借方	貸方	借方	貸方	借方	貸方
繰越商品	250							
仕入	1,300							
棚卸減耗損								

解　答：P.158

【3】　　重要度B　標準時間3分

次に掲げる資料により、決算整理後残高試算表を示しなさい。

決算整理前残高試算表　　（単位：円）

借方科目	金額	貸方科目	金額
売掛金	800,000	買掛金	750,000
繰越商品	1,000,000	売上	11,000,000
仕入	9,000,000		

（資　料）

1．期末商品棚卸高

帳簿棚卸高（原価）　1,600,000円（適正額）

実地棚卸高（原価）　1,900,000円

帳簿棚卸高と実地棚卸高との差異を調査したところ、下記3．の未検収の商品が実地棚卸高に含まれていた。

2．得意先A社に対して、売掛金の残高確認をしたところ、当社の帳簿残高と差異があった。

当社の帳簿残高…800,000円

A社の回答額……1,800,000円

この差異の原因は、A社への掛売上が当社において未処理となっていたものである。

3．期末に原価400,000円の商品が仕入先B社より納品された。当社は仕入の計上基準に検収基準を採用しており、この商品は未検収品である。

解答欄

決算整理後残高試算表　　（単位：円）

借方科目	金額	貸方科目	金額
売掛金	(　　)	買掛金	(　　)
繰越商品	(　　)	売上	(　　)
仕入	(　　)		
棚卸減耗損	(　　)		

解　答：P.158

8　退職給付会計

【1】　重要度A　標準時間3分

次に掲げる資料に基づき、決算整理後残高試算表の金額を示しなさい。

（資　料）

（単位：千円）

期　首	退職給付引当金	1,174,000
	退職給付債務	1,960,000
	年金資産(公正な評価額)	786,000
期　中	勤務費用	117,000
	当社からの一時金支払	4,000
	年金基金への拠出	38,000
	年金基金からの支給	6,000
期　末	退職給付債務	2,094,440
	年金資産(公正な評価額)	838,436

割引率　1.4%

長期期待運用収益率　2.6%

（注）　便宜上、数理計算上の差異は生じないものとする。

解答欄

決算整理後残高試算表　（単位：千円）

退 職 給 付 費 用	(　　　)	退 職 給 付 引 当 金	(　　　)

解　答：P.159

【2】 重要度A　標準時間５分

当社は、従業員の退職給付に備えるため退職一時金制度及び企業年金制度を採用しており、「退職給付に関する会計基準」に基づいて処理を行っている。よって、以下に示す資料により決算整理後残高試算表を作成しなさい。

（資　料）

期首退職給付債務	20,000千円
期首年金資産公正価値	4,000千円
期首退職給付引当金	14,500千円
期首未認識数理計算上の差異	（各自推算）千円
勤務費用	11,000千円
割引率	2.5％
長期期待運用収益率	5％
期中における年金掛金の拠出額	2,900千円
期中における外部からの年金支給額	500千円
期中における当社からの一時金支払額	750千円
期末退職給付債務	31,050千円
期末年金資産公正価値	6,190千円

数理計算上の差異は発生の翌年度より平均残存勤務期間11年で定額法により償却する。

なお、期首未認識数理計算上の差異は全て前々期に発生したものである。

解答欄

決算整理後残高試算表　（単位：千円）

退職給付費用	（　　　）	退職給付引当金	（　　　）

解　答：P.159

【3】 重要度A　標準時間6分

次の資料に基づき、決算整理後残高試算表を示しなさい。

（資　料）

（単位：千円）

期　首	退職給付債務	480,000
	年金資産（公正な評価額）	230,000
	退職給付引当金	247,250
	未認識数理計算上の差異	（各自推算）
期　中	勤務費用	28,800
	利息費用	9,600
	年金掛金拠出額	9,000
	当社からの一時金支払額	1,400
	外部からの年金支給額	2,000
期　末	年金資産（公正な評価額）	243,900
	退職給付債務	514,650

1．長期期待運用収益率　2.5％

2．数理計算上の差異は発生年度から12年の定額法で償却を行う。なお、期首未認識数理計算上の差異は全て前期に発生したものである。

解答欄

決算整理後残高試算表　（単位：千円）

退職給付費用	（　　）	退職給付引当金	（　　）

解　答：P.159

【4】 重要度B　標準時間2分

当社は従業員数300人未満の小規模な会社であるため、簡便的な方法により退職給付債務及び退職給付費用を計算しており、自己都合要支給額を退職給付債務としている。よって、下記の資料に基づき、退職給付費用計上の仕訳を答えなさい。なお、当社は退職給付制度として退職一時金制度を採用している。

（単位：千円）

期首	退職給付引当金	（各自推算）
期中	退職金支払額	144,000
期末	退職給付引当金	（各自推算）

（注1）　期首における自己都合要支給額は960,000千円である。

（注2）　期末における自己都合要支給額は1,154,000千円である。

解答欄

（単位：千円）

借　　　方	金　　額	貸　　　方	金　　額

解　答：P.160

9　純資産会計

設立・増資

【1】　　重要度B　標準時間3分

次の取引を仕訳しなさい。(当座預金勘定使用)

(1)　増資に際し、発行可能株式総数800株のうち、普通株式200株を発行することとした。その発行価額は1株あたり75,000円で、当社の当座預金口座に全額払込みを受けた。また、株式交付に伴う諸費用1,200,000円を小切手を振出して支払った。

(2)　上記(1)について、会社法に規定する最低限度額を資本金に組入れた場合。

解答欄

(1)

借　　方	金　　額	貸　　方	金　　額

(2)

借　　方	金　　額	貸　　方	金　　額

解　答：P.161

9 純資産会計

剰余金の配当及び処分

【1】　　　重要度Ａ　標準時間４分

次に掲げる資料より仕訳を示し、当期末の貸借対照表を作成しなさい。

（会計期間：自X1年４月１日　至X2年３月31日）

期　首　試　算　表

X1年４月１日　　　（単位：千円）

		資本金	100,000
		資本準備金	10,000
		その他資本剰余金	3,000
		利益準備金	10,000
		繰越利益剰余金	40,000

⑴　株主総会において次の剰余金の配当が決議された。

利益準備金積立額　800千円　　資本準備金積立額　200千円

配当金　10,000千円（配当財源はその他資本剰余金2,000千円
繰越利益剰余金8,000千円である。）

⑵　決算日において当期の利益37,000千円が算出された。

解答欄

株主総会時

（単位：千円）

借　　方	金　　額	貸　　方	金　　額

決算時

（単位：千円）

借　　方	金　　額	貸　　方	金　　額

貸　借　対　照　表

X2年３月31日　　　（単位：千円）

		資本金	（　　　）
		資本準備金	（　　　）
		その他資本剰余金	（　　　）
		利益準備金	（　　　）
		繰越利益剰余金	（　　　）

解　答：P.161

【2】　　重要度A　標準時間4分

次の資料に基づき、貸借対照表を作成しなさい。

（当期：X1年4月1日～X2年3月31日）

（資　料）

1．前期末残高試算表

残　高　試　算　表　（単位：円）

	科目	金額
	資本金	13,520,000
	資本準備金	2,300,000
	その他資本剰余金	500,000
	利益準備金	1,000,000
	別途積立金	100,000
	繰越利益剰余金	3,000,000

2．X1年5月25日の株主総会における剰余金の配当及び処分に関する決議

準備金の積立額　会社計算規則に規定する額

配当金　1,000,000円(注)

別途積立金の積立　500,000円

(注)　この配当はその他資本剰余金400,000円と繰越利益剰余金600,000円をその財源としている。

3．X1年11月30日に、資本準備金500,000円及び利益準備金300,000円の取崩しを行った。なお、取崩した資本準備金はその他資本剰余金に、利益準備金は繰越利益剰余金へ振替えを行う。

4．X2年3月31日

当期の利益が2,800,000円計上された。

解答欄

貸　借　対　照　表　（単位：円）

	科目	金額
	資本金	13,520,000
	資本準備金	(　　　)
	その他資本剰余金	(　　　)
	利益準備金	(　　　)
	別途積立金	(　　　)
	繰越利益剰余金	(　　　)

解　答：P.161

自己株式

【1】 重要度A　標準時間２分

次の取引を仕訳しなさい。

当社は、株式100株を各株主より１株あたり45,000円で買入れ、手数料4,700円とともに小切手を振出し支払った(当座預金勘定を使用すること。)。その後その他資本剰余金をもって、その全部を消却した。

解答欄

(1) 自己株式の買入時

借　　方	金　　額	貸　　方	金　　額

(2) 消却時

借　　方	金　　額	貸　　方	金　　額

解　答：P.161

【2】　　　　重要度B　標準時間4分

以下の各問に答えなさい。なお、代金の受払いはすべて現金預金勘定を使用すること。

（決算日：３月31日）

問１　貸借対照表の金額を答えなさい。

（資料１）　期首試算表

期　首　試　算　表　　（単位：円）

	資　本　金　250,000
	資本準備金　100,000
	その他資本剰余金　80,000

（資料２）　期中取引等

１．自己株式600株を@150円で取得し、代金は小切手を振出して支払った。

２．株式500株を募集し、そのうち300株は新株の発行、200株は自己株式の処分を行い、70,000円が当座預金口座に払い込まれた。なお、資本金組入額は、会社法に規定する最低限度額とする。

３．期末における自己株式の時価は@155円である。

問２　仮に、問１の株式募集の際に80,000円が当座預金口座に払い込まれた場合の仕訳を答えなさい。

解答欄

問１

貸　借　対　照　表　　（単位：円）

	資　本　金　（　　　）
	資本準備金　（　　　）
	その他資本剰余金　（　　　）
	自己株式　（△　　　）

問２

借　方	金　額	貸　方	金　額

解　答：P.162

9 純資産会計

【3】　重要度B　標準時間7分

次の資料に基づき、次の①から⑧の金額を答えなさい。(決算年1回：3月31日)

(資料1)　当期の株主資本等変動計算書

(単位：円)

	株主資本								
	資本金	資本剰余金			利益剰余金			自己株式	株主資本合計
		資本準備金	その他資本剰余金	資本剰余金合計	利益準備金	その他利益剰余金 繰越利益剰余金	利益剰余金合計		
当期首残高	5,262,500	(①)	0	1,012,500	83,650	1,578,500	1,662,150	0	7,937,150
当期変動額									
資本準備金の取り崩し		△450,000	450,000	0					0
剰余金の配当					(　)	△(②)	△435,000		△(　)
当期純利益						(　)	(　)		(　)
自己株式の取得								△(③)	△(　)
自己株式の消却			△(④)	△(　)				(　)	(　)
当期変動額合計	0	△450,000	(　)	△(　)	(　)	(　)	(⑤)	△224,400	(　)
当期末残高	5,262,500	(⑥)	(　)	(　)	(⑦)	(　)	(　)	△224,400	(⑧)

(資料2)　当期の取引

1．当社は6月の株主総会において、下記事項につき株主の承認を得た。

(1)　剰余金の配当等

前期末現在の株主に対して、(各自推算)円の配当をする。配当原資は繰越利益剰余金とし、配当金の10分の1を利益準備金として積立てる。

(2)　資本準備金の取崩し

資本準備金のうち(各自推算)円を取崩し、その他資本剰余金へ振替る。

(3)　自己株式の取得

発行済株式のうち(各自推算)株を1株あたり340円で取得する。

2．当社は8月に株主総会で承認された資本準備金の取崩しを行った。

3．当社は9月に決議どおり自己株式を取得し、ただちに440株の消却を行った。

4．当社の3月決算において算定された当期純利益は1,000,000円であった。

解 答 欄

①	②	③	④
⑤	⑥	⑦	⑧

解　答：P.162

新株予約権

【1】　　　　重要度B　標準時間3分

以下の資料に基づき決算整理後残高試算表を作成しなさい。

（会計期間：4月1日～3月31日）

（資料1）　決算整理前残高試算表

決算整理前残高試算表　（単位：円）

当　座	1,500,000	新株予約権	（各自推算）
自己株式	450,000		

（資料2）　決算整理事項

決算整理前残高試算表の新株予約権勘定は以下の条件で単独で発行したものであるが、当期中（権利行使期間中）において25％の権利行使がなされ、新株の発行に代えて保有する自己株式の全てを交付したが、権利行使に係る処理が行われていない。なお、払込額は当座とする。

〈発行条件〉

(1)　新株予約権の目的となる株式の数　2,000株

(2)　発行する新株予約権の総数　400個（1個につき5株割当て）

(3)　新株予約権の発行価額　1個当たり1,000円の払込みを受けた

(4)　新株予約権の権利行使時の払込総額　1,500,000円

解 答 欄

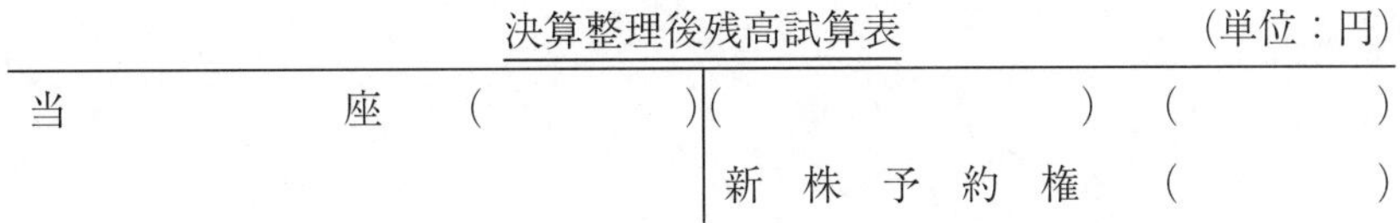

決算整理後残高試算表　（単位：円）

当　座	（　　）	（　　）	（　　）
		新株予約権	（　　）

解　答：P.163

10 税　　金

【1】　　　　　　　　　　　　　　　　　　　　　　　　　　　　　重要度B　標準時間3分

次の資料に基づき、決算整理後残高試算表を作成しなさい。

（資　料）

決算整理前残高試算表　　　　（単位：千円）

仮　払　金	44,500	受取配当金	4,650
租税公課	1,600		

1．受取配当金は、配当金受取額4,650千円（源泉所得税350千円控除後）により計上されたものである。よって、これを総額で計上することとする。

2．仮払金の内訳は下記のとおりである。

⑴　法人税等の中間納付額40,000千円の支払額である。

⑵　固定資産税4,500千円を納付した支払額である。

3．収入印紙の処理については、購入時に費用処理する方法を採用しており、当期末未使用高は500千円である。

4．当期の法人税等の年税額は60,000千円である。なお、未払法人税等は受取配当金に係る源泉所得税額及び法人税等の中間納付額を控除して計算する。

解答欄

決算整理後残高試算表　　　　（単位：千円）

貯　蔵　品	（　　　）	未払法人税等	（　　　）
租税公課	（　　　）	受取配当金	（　　　）
法人税等	（　　　）		

解　答：P.164

【2】　　　　　　　　　　　　　　　　　　　　　　　　　　　　　重要度Ａ　標準時間９分

次の資料に基づき決算整理後残高試算表を作成しなさい。なお、日数計算は月割とする。
(決算年１回：３月31日)

(資　料)

決算整理前残高試算表　　(単位：円)

借方科目	金額	貸方科目	金額
売掛金	144,375	買掛金	206,000
繰越商品	50,000	仮受消費税等	100,000
仮払消費税等	71,000	貸倒引当金	3,300
備品	470,000	減価償却累計額	84,600
仕入	710,000	売上	1,000,000

1．(1)　商品の仕入れについて期中に仕入れた際に税抜きの金額をもって下記の仕訳を行っている。
　　(仕　　　　入)　80,000　　(買　掛　金)　80,000

　(2)　当期の仕入商品の返品22,000円(税込金額)が未処理である(掛と相殺)。

　(3)　掛売上48,125円(税込金額)の処理が未処理である。

　(4)　期末商品棚卸高は40,000円(適正額)である。

2．当期11月１日に備品132,000円(税込金額)を購入し、代金は翌期に支払うことにしたが未処理である。なお、決算整理前残高試算表の備品は全て前期首に取得したものである。また、備品の減価償却は定額法により、残存価額を取得原価の10%とし、耐用年数５年で行う。

3．期末売掛金は一般債権であり、貸倒実績率２%(差額補充法)により貸倒引当金を設定する。

4．消費税等については、税抜きの金額又は(税込金額)と記載されているものについてのみ税率10%で税額計算を行う。

解答欄

決算整理後残高試算表　　(単位：円)

借方科目	金額	貸方科目	金額
売掛金	(　　　)	買掛金	(　　　)
繰越商品	(　　　)	未払金	(　　　)
備品	(　　　)	未払消費税等	(　　　)
仕入	(　　　)	貸倒引当金	(　　　)
減価償却費	(　　　)	減価償却累計額	(　　　)
貸倒引当金繰入	(　　　)	売上	(　　　)

解　答：P.164

10 税金

11 社　債

【1】

重要度A　標準時間5分

次の資料に基づいて社債に関する一連の会計処理を問1利息法、問2定額法により示しなさい。仕訳不要の場合には借方欄に「仕訳なし」と明記すること。なお、千円未満の端数が生じた場合には四捨五入すること。また、日数計算は月割とする。（決算日年1回：3月31日）

（資　料）

当社は下記の社債を発行している。

発行日：X1年4月1日

額面総額：100,000千円

発行総額：94,370千円

発行口数：1,000千口

償還期限：X6年3月31日

約定利子率：年4.1％（毎年9月末日及び3月末日の2回払い）

実効利子率：年5.4％

解答欄

問1　利息法

⑴　利払日における会計処理（X1年9月30日）

（単位：千円）

借　　　方	金　　額	貸　　　方	金　　額
		（現　金　預　金）	

⑵　利払日における会計処理（X2年3月31日）

（単位：千円）

借　　　方	金　　額	貸　　　方	金　　額
		（現　金　預　金）	

⑶　決算整理仕訳（X2年3月31日）

（単位：千円）

借　　　方	金　　額	貸　　　方	金　　額

問２　定額法

⑴　利払日における会計処理（X1年９月30日）

（単位：千円）

借　　方	金　　額	貸　　方	金　　額
		（現　金　預　金）	

⑵　利払日における会計処理（X2年３月31日）

（単位：千円）

借　　方	金　　額	貸　　方	金　　額
		（現　金　預　金）	

⑶　決算整理仕訳（X2年３月31日）

（単位：千円）

借　　方	金　　額	貸　　方	金　　額

解　答：P.165

【２】　　　　重要度Ａ　標準時間６分

次の資料により、決算整理後残高試算表を作成しなさい。なお、日数計算は月割とする。

（会計期間：X2年４月１日～X3年３月31日）

（資料１）

決算整理前残高試算表　（単位：円）

		社　　債	472,000

（資料２）

1．社債は、X1年４月１日に額面@100円につき@93円で5,000口、償還期間５年で発行されたものであり、償却原価法（定額法）を適用している。なお、約定利子率は年6.5％、利払日は９月と３月の各末日であるが、当期における利払日の処理が一切未処理である。

2．当期９月30日において、額面@100円につき@94.8円で2,000口を買入償還したが、未処理である。

解答欄

決算整理後残高試算表　（単位：円）

社　債　利　息	（　　　）	社　　債	（　　　）
		社債償還益	（　　　）

解　答：P.165

【3】 重要度A　標準時間6分

次の資料により、決算整理後残高試算表を作成しなさい。なお、日数計算は月割とする。

（会計期間：X3年4月1日～X4年3月31日）

（資料1）

決算整理前残高試算表　（単位：円）

社債利息	30,000	社債	771,200

（資料2）

1．社債はX1年4月1日に額面@100円につき@94円で8,000口、償還期間5年で発行したものであり、償却原価法（定額法）を適用する。なお、利率は年6％、利払日は3月末日である。

2．当期9月30日において、額面@100円につき@96.7円で3,000口を買入償還し、端数利息とともに現金預金で支払ったが、未処理である。

解答欄

決算整理後残高試算表　（単位：円）

社債利息	（　　　）	社債	（　　　）
		社債償還益	（　　　）

解　答：P.166

【4】 重要度C　標準時間4分

次の資料により、決算整理後残高試算表を作成しなさい。なお、千円未満の端数が生じた場合には四捨五入すること。また、日数計算は月割とする。(会計期間：X1年4月1日～X2年3月31日)

(資料1)

決算整理前残高試算表　(単位：千円)

仮払金	184,000	社債	(各自推算)
社債利息	(各自推算)		

(資料2)

1．社債は額面@100円につき@93.35円でX1年4月1日に発行したものであり、額面総額400,000千円、償還期間5年、約定利子率年3％、利払日は毎年9月と3月の各末日である。
2．社債については償却原価法(利息法)を適用すること。なお、実効利子率は年4.5％である。
3．X2年3月31日において額面200,000千円を184,000千円で買入れたが、支払額を仮払金としていたのみである。

解答欄

決算整理後残高試算表　(単位：千円)

社債利息	(　　　)	社債	(　　　)
		社債償還益	(　　　)

解　答：P.166

12　新株予約権付社債

【1】　　　　　　　　　　　　　　　　　　　　　　　　　　　　　　　　重要度B　標準時間9分

次の資料に基づき、転換社債型新株予約権付社債に関する一連の取引の仕訳を問1一括法、問2区分法により示しなさい。なお、仕訳が不要な場合は、借方欄に「仕訳なし」と記入すること。また、日数計算は月割とする。（決算年1回：3月31日）

（資　料）

1．X1年4月1日に以下の新株予約権付社債を発行した。

(1)　社債券の額面総額：900,000千円（額面発行）

(2)　新株予約権の対価部分：45,000千円

(3)　社債の償還日：X6年3月31日

(4)　権利行使の際の資本金組入額は会社法に規定する最低額とする。

(5)　償却原価法の適用にあたっては、定額法によるものとする。

2．決算（X2年3月31日）をむかえた。

3．X2年10月31日に新株予約権のうち、発行総数の20%が権利行使され、新株を発行した。

4．決算（X3年3月31日）をむかえた。

5．権利行使期間が満了した。

解答欄

問1　一括法

（単位：千円）

	借　　　方	金　　額	貸　　　方	金　　額
1.	(現　金　預　金)			
2.				
3.				
4.				
5.				

問2　区分法

（単位：千円）

	借　　　方	金　　額	貸　　　方	金　　額
1.	(現　金　預　金)			
2.				
3.				
4.				
5.				

解　答：P.167

【2】 重要度B　標準時間10分

次の資料により、決算整理後残高試算表を作成しなさい。なお、日数計算は月割とする。

（会計期間：X3年４月１日～X4年３月31日）

（資料１）

期　首　試　算　表　(単位：千円)

借方科目	金額	貸方科目	金額
自己株式	116,400	社債	676,200
		資本金	5,000,000
		資本準備金	2,000,000
		その他資本剰余金	600,000
		新株予約権	42,000

（資料２）

１．期首試算表に計上されている社債及び新株予約権は、以下の条件で発行した転換社債型新株予約権付社債である。

⑴　社債額面総額　700,000千円(額面発行)

⑵　社債の対価は658,000千円、新株予約権の対価は42,000千円である。

⑶　社債の償還期間：５年

⑷　権利行使の際の資本金組入額は会社法に規定する最低額とする。

⑸　償却原価法の適用にあたっては、定額法によるものとする。

⑹　本社債に約定利息は付さないものとする。

２．X3年６月30日に初めて新株予約権のうち発行総額の30％が権利行使され、新株を発行した。

３．X3年11月30日に期首における新株予約権のうち発行総額の10％が権利行使され、自己株式を交付した。なお、交付した自己株式の帳簿価額は67,900千円である。

解答欄

決算整理後残高試算表　(単位：千円)

借方科目	金額	貸方科目	金額
自己株式	(　　　)	社債	(　　　)
社債利息	(　　　)	資本金	(　　　)
		資本準備金	(　　　)
		その他資本剰余金	(　　　)
		新株予約権	(　　　)

解　答：P.167

13　税効果会計

【1】　　重要度B　標準時間3分

次の資料に基づき、当期の決算における税効果会計及び圧縮積立金に関する仕訳を示しなさい。

（決算日年1回：3月31日）

（資料1）　決算整理前残高試算表

決算整理前残高試算表　　（単位：千円）

建物	60,000	繰延税金負債	12,250
		圧縮積立金	22,750

（資料2）　圧縮記帳に関する事項

決算整理前残高試算表の建物勘定の金額は、前期末に受け取った国庫補助金によって取得(X1年3月25日竣工)したものであり、積立金方式により圧縮記帳を行っている。この建物は当期首(X1年4月1日)から使用しており、圧縮記帳については、前期から税効果会計を適用している。なお、減価償却については、耐用年数50年、定額法、残存価額0で行い、会計上は取得価額(60,000千円)を基礎に計算し、税務上は取得価額より国庫補助金相当額を控除した金額(25,000千円)を基礎に計算する。また、減価償却限度超過額相当額の圧縮積立金を取崩すものとし、前期・当期ともに法定実効税率を35%としている。

解答欄

（単位：千円）

借方	金額	貸方	金額

解　答：P.169

【2】 重要度A　標準時間6分

次の資料に基づいて、当期の決算整理後残高試算表(一部)を作成しなさい。

(決算年1回：3月31日)

(資料1)　決算整理前残高試算表(一部)

決算整理前残高試算表　(単位：千円)

借方科目	金額	貸方科目	金額
受取手形	150,000	貸倒引当金	7,000
売掛金	250,000		
投資有価証券	545,000		
繰延税金資産	(各自推算)		
貸倒損失	2,000		

(資料2)　決算整理事項等

1．売上債権の期末残高に対して2％の貸倒引当金を洗替法により設定する。なお、税務上の貸倒引当金繰入限度超過額は当期が4,000千円、前期が3,500千円であった。また、前期発生の売掛金2,000千円が当期中に貸倒れ、貸倒損失として処理している(これ以外に当期中に貸倒れた事実はない)。

2．決算整理前残高試算表の投資有価証券勘定の内訳は以下のとおりであり、その他有価証券として保有している。なお、評価差額は全部純資産直入法により処理を行い、その他有価証券評価差額金については税効果会計を適用する。

銘柄	取得価額	当期末時価
甲社株式	205,000千円	220,000千円
乙社株式	120,000千円	110,000千円
丙社株式	220,000千円	(注)100,000千円

(注)　丙社株式は、時価が著しく下落し、かつ、回復する見込みがあるとは認められないため減損処理を行う。

3．税効果会計に関して前期において生じた一時差異は上記1．及び2．に係るもののみである。なお、法定実効税率は前期・当期ともに35％とし、繰延税金資産と繰延税金負債の相殺は行わないものとする。

解答欄

決算整理後残高試算表　(単位：千円)

借方科目	金額	貸方科目	金額
受取手形	150,000	貸倒引当金	(　　　)
売掛金	250,000	繰延税金負債	(　　　)
投資有価証券	(　　　)	その他有価証券評価差額金	(　　　)
繰延税金資産	(　　　)	貸倒引当金戻入	(　　　)
貸倒引当金繰入	(　　　)	法人税等調整額	(　　　)
投資有価証券評価損益	(　　　)		

解　答：P.169

【3】 重要度A　標準時間9分

次の資料に基づいて、決算整理後残高試算表の一部を作成しなさい。なお、日数計算は月割とする。

（決算年1回：3月31日）

（資料1）　決算整理前残高試算表の一部

決算整理前残高試算表　（単位：千円）

借方科目	金額	貸方科目	金額
売上債権	575,000	貸倒引当金	7,000
未収金	92,800	繰越利益剰余金	449,100
仮払法人税等	92,500	保険差益	38,800
建物	300,000		
投資有価証券	770,000		
繰延税金資産	560		

（資料2）　決算整理事項等

1．期末売上債権残高に対し、貸倒実績率2％により貸倒引当金を設定する（差額補充法）。なお、当期末において、税務上、損金に算入することが認められる貸倒引当金繰入限度額は10,000千円である。

2．当期7月10日に建物（取得原価180,000千円、期首帳簿価額54,000千円）が火災により焼失し、保険金の額が確定したが期中は下記の処理を行っているため決算において適正に処理すること。なお、当期1月に新建物300,000千円を取得（取得時の処理は適正に行われている。）し、同月より事業の用に供している。また、保険差益相当額の圧縮記帳を積立金方式により行うこと。

減価償却計算については両建物ともに定額法、耐用年数50年、残存価額は0により行うものとする（固定資産の記帳方法は直接法）。

なお、税務上の減価償却計算は取得価額より保険差益相当額を控除した金額を基礎に行っているため、減価償却限度超過額相当額の圧縮積立金を取崩すこと。

（未収金）	92,800,000	（建物）	54,000,000
		（保険差益）	38,800,000

3．決算整理前残高試算表の投資有価証券勘定は、当期に取得した株式でありその他有価証券に該当する。この株式の当期末の時価は800,000千円である。

4．当期における法人税等の確定年税額は177,000千円である。なお、法定実効税率は前期・当期ともに35％とし、繰延税金資産と繰延税金負債の相殺は行わないものとする。

5．貸倒引当金、圧縮記帳、その他有価証券評価差額金について、税効果会計を適用する。

解答欄

決算整理後残高試算表　(単位：千円)

売上債権	575,000	未払法人税等	(　　)
未収金	92,800	貸倒引当金	(　　)
建物	(　　)	繰延税金負債	(　　)
投資有価証券	(　　)	繰越利益剰余金	(　　)
繰延税金資産	(　　)	圧縮積立金	(　　)
貸倒引当金繰入	(　　)	その他有価証券評価差額金	(　　)
減価償却費	(　　)	保険差益	(　　)
法人税等	(　　)		
法人税等調整額	(　　)		

解　答：P.169

14　外貨建会計

期中及び決算時の処理

【1】

重要度Ａ　標準時間７分

次の一連の取引の仕訳を示し、為替差損益勘定の記入を締切りまで示しなさい。なお、期中取引については日付に代えて取引番号を記入すること。また代金の受払いは現金勘定を使用すること。（決算年１回：３月31日）

1．外国企業のＡ社から商品18,000ドルを輸入するにあたり、手付金8,000ドルを現金により支払った。（取引日レート　１ドル＝150円）

2．上記１．の商品18,000ドルが到着し、手付金を除いた残額を掛とした（三分法）。（取引日レート　１ドル＝152円）

3．外国企業のＣ社に掛により商品24,000ドルを売上げた。（取引日レート　１ドル＝149円）

4．上記２．の掛代金を１ドル148円で現金により全額決済した。

5．外国銀行のＤ銀行より5,000ドルを借入れ、利息の200ドルを差引かれ、残額を現金により受取り邦貨に換金した。（取引日レート　１ドル＝151円）

6．上記３．の掛代金24,000ドルを１ドル147円で現金により全額回収し邦貨に換金した。

7．上記５．の借入金5,000ドルを１ドル145円で現金により返済した。

解答欄

	借　　　方	金　　額	貸　　　方	金　　額
1．				
2．				
3．				
4．				
5．				
6．				
7．				

為替差損益

解　答：P.171

【2】　　重要度A　標準時間5分

次に掲げる資料により、決算整理後残高試算表を作成しなさい。(決算日：3月31日)

(資　料)

決算整理前残高試算表　(単位：円)

現金預金	866,240	前受金	14,400
売掛金	275,000	借入金	486,000
		為替差損益	1,000

1．現金預金勘定の内訳は下記のとおりである。

内訳	取得日レート	帳簿価額
邦貨	——	561,200円
外国通貨	1ドル＝128円	55,040円
外貨建定期預金	1ドル＝125円	250,000円

2．売掛金勘定のうち50,400円(400ドル)は外国企業R社に対する外貨建のものである。

3．前受金勘定は外国企業S社より受取ったものであり、取引日レート1ドル＝120円の際に取引されたものである。

4．借入金勘定には、下記に示す外貨建のものが含まれている。なお、利息については考慮する必要はない。

	取引日レート	帳簿価額
C社からの借入金	1ドル＝124円	310,000円

5．当期末の為替相場は1ドル＝130円である。

解答欄

決算整理後残高試算表　(単位：円)

現金預金	(　　　)	前受金	(　　　)
売掛金	(　　　)	借入金	(　　　)
(　　　)	(　　　)		

解　答：P.171

【3】 重要度B　標準時間7分

決算整理前の有価証券の内訳は(資料)のとおりである。よって、貸借対照表及び損益計算書を作成しなさい。決算日の為替レートは1ドル＝118円である。なお、利息計算は月割計算とする。

(会計期間：X1年4月1日～X2年3月31日)

(資　料)

銘　　柄	外貨建簿価	帳簿計上レート	外貨建時価	備　考
A社株式	1,500ドル	1ドル＝110円	600ドル	(注1)
B社株式	9,000ドル	1ドル＝108円	——	(注2)
C社社債	3,760ドル	1ドル＝113円	3,790ドル	(注3)

(注1)　A社株式は関連会社株式でありA社株式の時価が著しく下落しており回復する見込みはない。

(注2)　B社株式は市場価格のない株式であり、B社の財政状態は著しく悪化しているため、相当の減額を行う。なお、当社はB社株式を従来より2,000株所有し、決算日におけるB社の外貨による1株当たりの純資産額は2ドルである。また、B社は当社の子会社である。

(注3)　C社社債に関する事項(満期保有目的)

取得日：X2年1月1日　　満期日：X4年12月31日

額面金額：4,000ドル　　クーポン利率：年利6％

利払日：年2回(6月、12月の各末日)

X2年1月1日～X2年3月31日の期中平均レート：116円

なお、取得価額と額面金額との差額はすべて金利の調整差額であり、償却原価法(定額法)を適用する。

解答欄

貸　借　対　照　表　(単位：円)

未収有価証券利息	(　　　)
投資有価証券	(　　　)
関係会社株式	(　　　)

損　益　計　算　書　(単位：円)

関係会社株式評価損	(　　　)	有価証券利息	(　　　)
		為替差益	(　　　)

解　答：P.171

【4】 重要度B　標準時間7分

下記の資料により、(1)当期末決算整理前残高試算表の有価証券勘定、投資有価証券勘定及び関係会社株式勘定の各金額を示し、(2)貸借対照表及び損益計算書を作成しなさい。

(会計期間：X2年4月1日～X3年3月31日)

(資　料)

保有する有価証券の内訳は下記のとおりである。

銘　　柄	取得日	取得価額	当期末時価	保有目的
A社株式	X1年12月1日	2,000ドル	——	その他有価証券(注1)
B社株式	X3年2月1日	3,500ドル	3,200ドル	売買目的有価証券
C社株式	X1年5月1日	4,800ドル	4,650ドル	関連会社株式
D社社債	X1年4月1日	3,600ドル	3,590ドル	満期保有目的債券(注2)

(注1)　その他有価証券は全部純資産直入法(税効果会計を適用し、法定実効税率は前期以前より35%である。)により処理すること。なお、A社株式は市場価格のない株式である。

(注2)　D社社債はX1年4月1日に平価発行された普通社債であり、償還日はX6年3月31日である。

円換算に必要な為替相場は以下のとおりである。

日　　付	X1年4月1日	X1年5月1日	X1年12月1日
為替相場	1ドル＝120円	1ドル＝130円	1ドル＝118円
日　　付	X2年3月31日	X3年2月1日	X3年3月31日
為替相場	1ドル＝122円	1ドル＝126円	1ドル＝124円

解答欄

(1) 有価証券勘定 ＿＿＿＿＿＿ 円

投資有価証券勘定 ＿＿＿＿＿＿ 円

関係会社株式勘定 ＿＿＿＿＿＿ 円

(2)

貸借対照表 (単位：円)

有価証券	( )	繰延税金負債	( )
投資有価証券	( )	その他有価証券評価差額金	( )
関係会社株式	( )		

損益計算書 (単位：円)

有価証券評価損	( )	為替差益	( )

解　答：P.172

為替予約の処理

【1】　重要度Ａ　標準時間５分

次の資料に基づき、貸付金に関する一連の仕訳を示しなさい。なお、仕訳が不要な場合には借方欄に「仕訳なし」と記入すること。また、日数計算は月割とする。

（資　料）　貸付条件等

貸 付 日：X1年８月１日

貸付金額：10,000ドル

返 済 日：X2年７月31日（一括返済）

決 算 日：３月31日の年１回

なお、X1年10月１日において元本総額について為替予約を行った。この為替予約はレートリスク（市場リスク）を回避するために行うヘッジ会計の要件を満たすものであり、会計処理は振当処理を採用している。なお、収支はすべて現金勘定により処理し、約定利息は考慮しなくてよい。

	X1年８月１日	X1年10月１日	X2年３月31日	X2年７月31日
直物相場	125円/ドル	124.5円/ドル	123円/ドル	122円/ドル
先物相場	124.2円/ドル	124円/ドル	122.8円/ドル	——

解答欄

	借　方	金　額	貸　方	金　額
貸付日				
予約日				
決算日				
決済日				

解　答：P.172

【2】 重要度A　標準時間6分

次の資料に基づき、貸付金に関する一連の仕訳を示しなさい。なお、仕訳が不要な場合には借方欄に「仕訳なし」と記入すること。また、日数計算は月割とする。

（資　料） 貸付条件等

貸 付 日：X1年10月1日

貸付金額：10,000ドル

返 済 日：X2年7月31日（一括返済）

決 算 日：3月31日の年1回

なお、X1年8月1日において元本総額について為替予約を行った。この為替予約はレートリスク（市場リスク）を回避するために行うヘッジ会計の要件を満たすものであり、会計処理は独立処理を採用している。なお、収支はすべて現金勘定により処理し、約定利息は考慮しなくてよい。

	X1年8月1日	X1年10月1日	X2年3月31日	X2年7月31日
直物相場	124.5円/ドル	125円/ドル	123円/ドル	122円/ドル
先物相場	124円/ドル	124.2円/ドル	122.8円/ドル	——

解答欄

	借　　方	金　　額	貸　　方	金　　額
予約日				
貸付日				
決算日				
決済日				

解　答：P.173

【3】 重要度A　標準時間10分

次の資料により、資料中の番号の勘定科目名又は金額を答えなさい。

（会計期間：X1年4月1日～X2年3月31日）

（資　料）

決算整理前残高試算表　（単位：円）

現　　　金	×××	借　入　金	992,000
支払利息	31,500	為替差損益	13,800

（注）　支払利息は全額下記1.(2)の借入金により発生したものである。

1．決算整理前残高試算表の借入金の内訳は下記のとおりである。

下記(1)及び(2)の借入金は、ともに借入時に借入日レートにより処理したのみで、その他の処理は何ら行われていない。なお、借入れた際の外貨は当日中に邦貨と交換している。

(1)　海外のC銀行から、当期5月1日に現金2,000ドルを借入れた。この借入金の利率は年4.8％であり、元本返済時に利息も一括して支払う契約である。なお、返済日はX2年4月30日であり、元本の全額に対して当期7月1日に為替予約(振当処理)を付している。

借入日レート：1ドル＝(各自推算)円　　予約日レート：1ドル＝124円

予　約レート：1ドル＝122円

(2)　海外のK銀行から、当期12月1日に返済日をX2年11月30日とする現金の借入れ6,000ドルを行った。この借入金の全額について当期2月1日に為替予約(振当処理)を付している。なお、借入時に252ドル(1年分)の利息を差引かれている。

借入日レート：1ドル＝125円　　予約日レート：1ドル＝126円

予　約レート：1ドル＝(各自推算)円

2．決算日のレートは1ドル＝130円である。なお、上記の借入金に係る直先差額のうち当期対応分については、月割均等配分により処理すること。

決算整理後残高試算表　（単位：円）

現　　　金	×××	借　入　金	1,006,000
①	②	③	④
前払費用	⑤	前受収益	⑥
支払利息	⑦	為替差損益	⑧

解答欄

①	②	③	④
	円		円
⑤	⑥	⑦	⑧
円	円	円	円

解　答：P.173

【4】 重要度A　標準時間6分

次の資料に基づき、問1当期末の直物為替レート、問2決算において必要な仕訳を示しなさい。

（会計期間：X1年4月1日～X2年3月31日）

（資料1）　決算整理後残高試算表

決算整理後残高試算表　（単位：円）

前払費用	（各自推算）(注)	買掛金	（各自推算）
為替差損益	230(注)		

（注）　すべて下記（資料2）から生じた金額である。

（資料2）　買掛金に関する事項

(1)　買掛金のなかにはドル建のものが30ドル含まれている。この内訳はX1年12月10日の仕入分20ドル（その時点の直物為替レートは1ドル＝100円）と、X2年1月20日の仕入分10ドル（その時点の直物為替レートは1ドル＝103円）であった。

(2)　X1年12月10日に仕入れた20ドルの買掛金の決済日（X2年4月30日）に備えて、X2年2月1日に為替予約（振当処理）を行った。その時点の直物為替レートは1ドル＝105円、予約レートは1ドル＝108円であった。なお、為替予約差額のうち、直先差額を月割りにより期間配分している。

(3)　決算日の直物為替レートは1ドル＝ 問1 円である。

解答欄

問1 ＿＿＿＿ 円

問2

12月10日仕入分に係る買掛金の仕訳

（単位：円）

借方	金額	貸方	金額

1月20日仕入分に係る買掛金の仕訳

（単位：円）

借方	金額	貸方	金額

解答：P.174

【5】 重要度B　標準時間5分

次の資料により、損益計算書及び貸借対照表を作成しなさい。

（会計期間：４月１日～３月31日）

（資　料）

決算整理前残高試算表　（単位：千円）

⋮	⋮	買掛金	64,800
売掛金	125,000	⋮	⋮
繰越商品	34,000	売上	720,000
⋮	⋮	⋮	⋮
仕入	432,000		
為替差損益	910		

1．決算日に掛による輸出売上300千ドルを行っているが、未だ処理されていない。この取引は、取引と同時に１ドル＝120円の為替予約を付しており、振当処理による処理を行う。なお、実務上の観点より為替予約差額を発生させないものとする。

2．当期２月１日(直物相場１ドル＝115円)に商品220千ドルを掛により輸入した。買掛金の決済日は翌期６月30日であるが、この取引に関して当期３月１日(直物相場１ドル＝116円)に１ドル＝118円(先物相場)で為替予約を付している。しかし、これらの取引に関して当社は一切処理していなかった。

為替予約差額のうち、予約時の直物相場と先物相場との差額(直先差額)を月割りにより期間配分すること。

3．決算日の直物相場は１ドル＝119円である。

解答欄

損益計算書　（単位：千円）

期首商品棚卸高	(　　　)	売上高	(　　　)
当期商品仕入高	(　　　)	期末商品棚卸高	37,700
⋮	⋮		
為替差損	(　　　)		

貸借対照表　（単位：千円）

⋮	⋮	買掛金	(　　　)
売掛金	(　　　)	⋮	⋮
商品	37,700		
(　　　)	(　　　)		

解　答：P.174

【6】　　　　　　　　　　　　　　　　　　　　　　　　　　　重要度A　標準時間７分

次の資料に基づき、解答欄における(1)〜(4)の各時点の仕訳を答えなさい。なお、代金の受払いについては現金預金勘定を使用し、仕訳が不要な場合には借方欄に「仕訳なし」と記入すること。

（決算年１回３月31日）

（資　料）

１．X2年５月１日に予定している商品50,000ドルの輸入に関して、その掛代金支払予定日であるX2年５月31日を決済日とするドル買いの為替予約契約をX2年３月１日に締結した（独立処理を採用）。なお、この輸入取引は実行される可能性が極めて高く、ヘッジ会計の要件も満たしている。また、ヘッジ会計については、繰延ヘッジにより処理を行い、法定実効税率を35%として税効果会計を適用すること。

２．為替相場の推移は以下のとおりである。

	直物為替相場	先物為替相場
X2年３月１日	113円/ドル	110円/ドル
X2年３月31日	110円/ドル	108円/ドル
X2年５月１日	108円/ドル	107円/ドル
X2年５月31日	106円/ドル	−

解 答 欄

(1)　X2年３月１日（予約日）

借　　方	金　　額	貸　　方	金　　額

(2)　X2年３月31日（決算日）

借　　方	金　　額	貸　　方	金　　額

(3)　X2年５月１日（輸入日）

借　　方	金　　額	貸　　方	金　　額

(4) X2年5月31日(決済日)

借　　　方	金　　額	貸　　　方	金　　額

解　答：P.175

15　特殊商品売買

試用販売

【1】　　重要度B　標準時間8分

下記に示す（資料1）～（資料3）により、⑴決算整理前残高試算表⑵決算整理仕訳を示しなさい。

（資料1）　期首残高試算表

繰越商品　40,000円(注)　　試用未収金　21,000円　　試用仮売上　21,000円　　売掛金　70,000円

（注）　前期末手許実地棚卸高（原価）は25,000円であった。

（資料2）　期中取引

1．商品375,000円を掛により仕入れた。

2．商品112,500円（原価）を試送した。試用販売は前期、当期ともに原価と売価の割合は一定である。

3．一般販売353,125円を掛により行った。

4．当期に買取意思表示を受けた金額は売価で105,000円（前期からの繰越分は全額買取意思表示を受けており、これを含んだ金額である。）である。

5．当期試送分のうち45,500円（売価）が買取を拒否され、返品された。

6．売掛金366,500円を現金で回収した。

（資料3）　決算整理事項

期末手許商品棚卸高は以下のとおりである。なお、上記（資料2）5．は考慮されている。

期末帳簿棚卸高（原価）　37,500円　　期末実地棚卸高（原価）　36,000円

解答欄

⑴　決算整理前残高試算表

決算整理前残高試算表　（単位：円）

借方	金額	貸方	金額
売掛金	(　　)	一般売上	(　　)
繰越商品	(　　)	試用品売上	(　　)
仕入	(　　)	試用仮売上	(　　)
試用未収金	(　　)		

⑵　決算整理仕訳

借方	金額	貸方	金額

解　答：P.176

【2】 重要度C　標準時間6分

下記に掲げる資料により、(1)決算整理前残高試算表の①及び②の金額(2)決算整理後残高試算表を示しなさい。

（資料1）　決算整理前残高試算表

決算整理前残高試算表　（単位：円）

借方科目	金額	貸方科目	金額
繰越商品	1,000	一般売上	（各自推算）
試用品	（　①　）	試用品売上	4,200
仕入	（　②　）		

（資料2）　決算整理事項等

1．期末手許商品棚卸高　1,500円
2．試用販売は、手許商品区分法による分割法を採用しており、期首試用品棚卸高は600円、期末試用品棚卸高は800円である。なお、当期試送品のうち1,300円が返品されており、適正に処理されている。
3．仕入先からの当期総仕入高は15,000円であり、返品等は一切なかった。
4．一般販売価額は毎期原価の25％増、試用販売価額は毎期原価の40％増で設定している。

15 特殊商品売買

解答欄

(1)　決算整理前残高試算表の金額

①	円	②	円

(2)　決算整理後残高試算表

決算整理後残高試算表　（単位：円）

借方科目	金額	貸方科目	金額
繰越商品	（　　）	一般売上	（　　）
試用品	（　　）	試用品売上	4,200
仕入	（　　）		

解　答：P.176

【3】　重要度B　標準時間5分

下記の(資料1)及び(資料2)により、決算整理後残高試算表を作成しなさい。

(会計期間：4月1日～3月31日)

(資料1)　決算整理前残高試算表

決算整理前残高試算表　(単位：円)

借方科目	金額	貸方科目	金額
売掛金	177,000	一般売上	600,000
繰越商品	96,000	試用品売上	355,500
仕入	720,000	試用仮売上	39,000
試用未収金	39,000		

(資料2)　決算整理事項等

1．期末手許商品棚卸高

帳簿原価　90,000円(下記3．の返品商品は含まない。)

実地原価　91,200円

2．試用販売は前期から開始し、商品を試送した日から14日を試用期間としており、試用期間を超えて返品又は買取りの意思表示がない場合は売上を計上している。

3．決算整理前残高試算表の試用未収金の内訳は以下のとおりである。

試送日	金　額(売価)	備　　考
3月10日	4,875円	試用期間内に返品され、当期末現在売れ残っている。
3月14日	19,500円	当期末現在買取り意思表示なし。
3月19日	7,800円	当期末現在買取り意思表示なし。
3月25日	6,825円	当期末現在買取り意思表示なし。

4．一般販売価額は従来より原価率が80%となるように設定しており、当期の試用販売価額は一般販売価額の3割増となるように設定している。

解答欄

決算整理後残高試算表　(単位：円)

借方科目	金額	貸方科目	金額
売掛金	(　　)	一般売上	600,000
繰越商品	(　　)	試用品売上	(　　)
仕入	(　　)	試用仮売上	(　　)
棚卸減耗損	(　　)		
試用未収金	(　　)		

解　答：P.176

【4】 重要度C　標準時間5分

下記に掲げる資料により、決算整理後残高試算表を示しなさい。

（資料1）　決算整理前残高試算表

決算整理前残高試算表　（単位：円）

借方科目	金額	貸方科目	金額
繰越商品	55,800	一般売上	406,750
試用品	（各自推算）	試用品売上	204,000
仕入	（各自推算）		

（資料2）　決算整理事項等

1．期末手許商品　（各自推算）円

2．試用販売は当期から開始し、手許商品区分法による分割法を採用しており、期末試用品棚卸高は20,000円である。なお、当期試送品のうち4,000円が返品されており、適正に処理されている。

3．仕入先からの当期総仕入高は508,000円であり、返品等は一切なかった。

4．一般販売価額は毎期原価の25％増、試用販売価額は原価の50％増で設定している。

解答欄

決算整理後残高試算表　（単位：円）

借方科目	金額	貸方科目	金額
繰越商品	（　　　）	一般売上	406,750
試用品	（　　　）	試用品売上	204,000
仕入	（　　　）		

解　答：P.177

15 特殊商品売買

委託販売・受託販売

【1】

重要度B　標準時間５分

次の資料により、手許商品区分法による分割法における(1)決算整理前残高試算表(2)決算整理仕訳(3)決算整理後残高試算表を示しなさい。なお、期中の処理はすべて適正に行われている。また、積送諸掛費については考慮する必要はない。

（資　料）

１．期首手許商品原価　172,000円
２．期首積送品原価　136,000円
３．当期総仕入高　655,200円
４．当期積送高　208,000円
５．一般販売売上高　516,000円
６．積送品売上高　274,000円
７．期末手許商品原価　206,400円
８．期末積送品原価　138,500円

解答欄

(1)　決算整理前残高試算表

決算整理前残高試算表　（単位：円）

繰越商品	(　　　)	一般売上	516,000
積送品	(　　　)	積送品売上	274,000
仕入	(　　　)		

(2)　決算整理仕訳

借方	金額	貸方	金額

(3)　決算整理後残高試算表

決算整理後残高試算表　（単位：円）

繰越商品	(　　　)	一般売上	516,000
積送品	(　　　)	積送品売上	274,000
仕入	(　　　)		

解　答：P.177

【2】　　重要度B　標準時間5分

次の資料により、損益勘定及び残高勘定を示しなさい。

（資料1）　決算整理前残高試算表

決算整理前残高試算表　（単位：円）

繰越商品	500,000	一般売上	3,500,000
繰延積送諸掛	5,000	積送品売上	880,000
積送品	（各自推算）		
仕入	2,600,000		
積送諸掛費	56,400		

（資料2）　決算修正事項等

1．期末手許商品棚卸高は650,000円である。なお、一般販売は三分法により処理しており、当期外部からの総仕入高は3,200,000円である。また、当期中に仕入返品等は一切なかった。

2．委託販売は、手許商品区分法による分割法で処理している。なお、委託販売における当期の状況は下記のとおりである。委託品積送時における発送費は原価に算入する処理を行っている。

期首積送品棚卸高　102,500円（うち、発送費2,500円）
当期積送高　　（各自推算）円（うち、発送費15,000円）
期末積送品棚卸高　143,500円（うち、発送費3,500円）

3．積送諸掛費のうち、7,000円は翌期に繰り延べる。

解答欄

（日付省略）　損　　益

仕入	（　　）	一般売上	3,500,000
積送諸掛費	（　　）	積送品売上	880,000

（日付省略）　残　　高

繰越商品	（　　）		
繰延積送諸掛	（　　）		
積送品	（　　）		

解　答：P.178

【3】 重要度B　標準時間6分

当期(自X6年4月1日至X7年3月31日)の決算整理前残高試算表は下記に示すとおりである。よって次の資料に基づいて決算整理後残高試算表を完成させなさい。

決算整理前残高試算表　(単位：円)

委託販売	3,985	一般売上	55,500
繰越商品	9,800	積送品売上	26,000
積送品	39,600		
繰延積送諸掛	575		
仕入	45,100		
積送諸掛費	3,750		

(資　料)

1．期末手許商品棚卸高

帳簿棚卸高(原価)　10,500円

実地棚卸高(原価)　10,300円

2．委託販売取引

(1)　期末棚卸高　10,600円(下記(3)は適正に処理済)

前期発送品のうち、前期末に売れ残っていたものは(各自推算)円であり、当期中にすべて販売されている。なお、当期の積送品の発送高は31,800円であり、当期において積送品の返品はない。

(2)　積送諸掛費

積送諸掛費のうち、850円は翌期に繰り延べる。

(3)　売上の追加計上

決算手続中に下記の売上計算書を受取った。収益の認識は受託者販売日基準による受託者販売価額基準を採用しており、その処理は手許商品区分法による分割法である。

売上計算書

X7年3月29日販売　(単位：円)

Ⅰ 売上高		11,700
Ⅱ 諸掛の内訳		
雑費	100	
手数料	585	685
Ⅲ 手取額		11,015

売上計算書

X7年4月3日販売　(単位：円)

Ⅰ 売上高		9,100
Ⅱ 諸掛の内訳		
雑費	75	
手数料	455	530
Ⅲ 手取額		8,570

解答欄

決算整理後残高試算表　(単位：円)

委託販売	(　　)	一般売上	(　　)
繰越商品	(　　)	積送品売上	(　　)
積送品	(　　)		
繰延積送諸掛	(　　)		
仕入	(　　)		
積送諸掛費	(　　)		
棚卸減耗損	(　　)		

解　答：P.178

【4】　重要度B　標準時間3分

次の資料により、受託販売勘定を作成しなさい。なお、資料の金額は期中に発生した取引の合計額である。また代金の受払いについては、当座預金勘定で処理すること。

(資　料)

引取費用等の立替支払額　2,400円

受託品販売による当座売上金額　100,000円、受託品販売による受取手数料　8,000円

委託者への送金額　80,000円

解答欄

(日付省略)　受託販売

(　　)	(　　)	前期繰越	34,600
(　　)	(　　)	(　　)	(　　)
(　　)	(　　)		
残高	(　　)		
	(　　)		(　　)

解　答：P.179

③ 割賦販売

【1】 重要度B　標準時間４分

次の取引において、金利部分を別処理する方法のうち⑴純額法及び⑵利息未決算勘定を設ける方法を採用した場合の各決算整理後残高試算表(一部)を作成しなさい。なお、計算の際に円未満の端数が生じる場合には、計算の最後に円未満を切り捨てること。

(決算日：X1年３月31日)

(資　料)　当期中の取引

1．X1年２月１日に原価1,800,000円の商品を3,000,000円で５回の均等分割回収(毎月末に回収)による割賦販売を行った。当社は販売基準を採用しており、金利部分を別処理する際の適用金利は月利1.2%とする。

2．X1年２月28日に第１回の割賦金を受け取った。

3．X1年３月31日に第２回の割賦金を受け取った。

解答欄

⑴　純額法を採用した場合の決算整理後残高試算表(一部)

決算整理後残高試算表(一部)　(単位：円)

割賦売掛金	(　　)	割賦売上	(　　)
		受取利息	(　　)

⑵　利息未決算勘定を設ける方法を採用した場合の決算整理後残高試算表(一部)

決算整理後残高試算表(一部)　(単位：円)

割賦売掛金	(　　)	利息未決算	(　　)
		割賦売上	(　　)
		受取利息	(　　)

解　答：P.179

16　組織再編会計

【1】　　重要度B　標準時間3分

次の取引につき、当社及びA社の仕訳を示しなさい。

(1)　当社はA社のａ事業に係る諸資産、諸負債を譲受けて、600,000千円を支払った。

(2)　A社のａ事業に係る諸資産、諸負債は以下のとおりである。

	帳簿価額	時価
諸資産	450,000千円	675,000千円
諸負債	150,000千円	150,000千円

解答欄

当社の仕訳

（単位：千円）

借　方	金　額	貸　方	金　額
		(現　金　預　金)	

A社の仕訳

（単位：千円）

借　方	金　額	貸　方	金　額
(現　金　預　金)			

解　答：P.181

16 組織再編会計

【2】　　　　　　　　　　　　　　　　　　　　　　　　　　　　重要度B　標準時間2分

A社は、B社を吸収合併し、A社が取得企業となった。以下の資料に基づき、A社の仕訳を示しなさい。

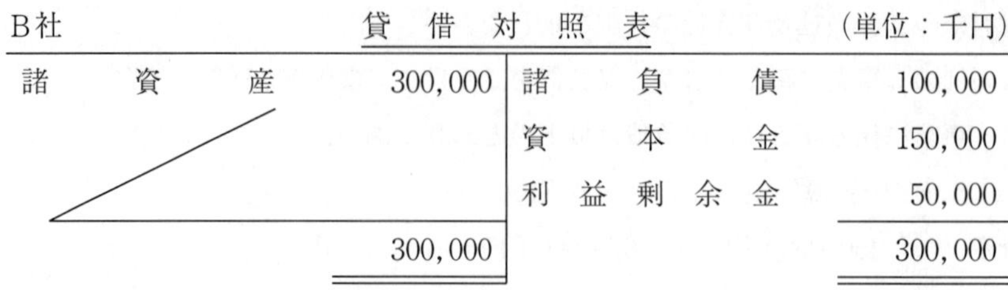

B社　　　　　　　貸借対照表　　　　　　（単位：千円）

諸資産	300,000	諸負債	100,000
		資本金	150,000
		利益剰余金	50,000
	300,000		300,000

（資　料）

1．A社は、合併の対価として議決権付のA社株式8,000株（時価@45千円）をB社株主に対して交付した。

2．合併期日におけるB社の識別可能資産及び負債の時価は、450,000千円及び100,000千円と算定された。

3．A社は増加すべき払込資本の全額を資本金として計上する。

解答欄

（単位：千円）

借方	金額	貸方	金額

解　答：P.181

【3】　重要度B　標準時間4分

A社とB社は、A社を分離元企業(吸収分割会社)、B社を分離先企業(吸収分割承継会社)とする会社分割を行った(A社とB社に資本関係はない。)。以下の資料に基づきA社及びB社の仕訳を示しなさい。

A社　貸借対照表　(単位：千円)

a　事　業	1,800	資　本　金	1,500
b　事　業	1,200	利益剰余金	1,500
	3,000		3,000

(資　料)

1．当該会社分割に伴い、A社のa事業(資産の時価2,400千円)をB社へ移転した。

2．当該会社分割はB社が取得企業、A社が被取得企業とされた。

3．B社はA社にB社株式を50株(交付後のB社発行済株式総数の10%)交付した。

なお、B社株式の時価は1株あたり60千円であり、交付した株式の時価総額は3,000千円となった。

また、A社は当該B社株式をその他有価証券として保有する。

4．B社は増加すべき払込資本の全額を資本金として計上する。

解答欄

A社の仕訳

(単位：千円)

借　方	金　額	貸　方	金　額

B社の仕訳

(単位：千円)

借　方	金　額	貸　方	金　額

解　答：P.181

16 組織再編会計

【4】 重要度B　標準時間4分

A社とB社は、A社を分離元企業(吸収分割会社)、B社を分離先企業(吸収分割承継会社)とする会社分割を行った(A社とB社に資本関係はない。)。以下の資料に基づきA社及びB社の仕訳を示しなさい。

A社　　　貸借対照表　　　(単位：千円)

a　事　業	4,320	資　本　金	3,600
b　事　業	2,880	利益剰余金	3,600
	7,200		7,200

(資　料)

1．当該会社分割に伴い、A社のa事業(時価5,760千円)をB社へ移転した。
2．当該会社分割はB社が取得企業、A社が被取得企業とされた。
3．B社はA社にB社株式を100株(交付後のB社発行済株式総数の20％)交付した。

なお、B社株式の時価は1株あたり72千円であり、交付した株式の時価総額は7,200千円となった。

また、A社は当該B社株式を関係会社株式として保有する。

4．B社は増加すべき払込資本の全額を資本金として計上する。

解答欄

A社の仕訳

(単位：千円)

借　方	金　額	貸　方	金　額

B社の仕訳

(単位：千円)

借　方	金　額	貸　方	金　額

解　答：P.181

【5】　　　　　　　　　　　　　　　　　　　　　重要度B　標準時間2分

A社は株式交換を行い、B社を株式交換完全子会社とした。下記の資料に基づき株式交換時のA社及びB社の仕訳を示しなさい。なお、仕訳不要の場合には、仕訳の借方欄に「仕訳なし」と明記すること。

B社　　　　　　　　　貸借対照表　　　　　　　（単位：千円）

諸資産	370	資本金	100
		資本剰余金	100
		利益剰余金	170
	370		370

（資　料）

1．A社はB社の株主に議決権のあるA社株式を100株交付した。なお、株式交換日のA社株式の時価は1株当たり6千円である。
2．当該企業結合はA社が取得企業である。
3．A社は増加すべき払込資本の全額を資本金として計上する。

解答欄

A社の仕訳

（単位：千円）

借方	金額	貸方	金額

B社の仕訳

（単位：千円）

借方	金額	貸方	金額

解　答：P.181

17　収益認識

【1】　　**重要度B　標準時間4分**

下記の資料に基づき、決算整理後残高試算表を作成しなさい。(決算年1回：3月31日)

(資料1)　決算整理前残高試算表

決算整理前残高試算表　(単位：千円)

売掛金	243,000	売上	292,500

(資料2)

(1)　当社は、A商品を1個当たり300千円で販売する契約をX1年10月1日に乙社(顧客)と締結した。この契約における対価には変動性があり、乙社がX2年3月31日までにA商品を900個よりも多く購入する場合には、1個当たりの価格を遡及的に285千円に減額すると定めている。

(2)　X1年12月31日に終了する第3四半期に、当社はA商品75個を乙社に販売した。当社は、X2年3月31日までの乙社の購入数量は900個を超えないであろうと判断した。

(3)　当社はA商品及び乙社の購入実績に関する十分な経験を有しており、変動対価の額に関する不確実性が事後的に解消される時点までに計上された収益の著しい減額が発生しない可能性が高いと判断した。

(4)　X2年1月に、乙社が他の企業を買収したため、X2年3月31日に終了する第4四半期におけるA商品の購入量が増加した。当社は当該第4四半期において乙社に下記の数量を販売した。

	販売量
X2年1月	90個
X2年2月	360個
X2年3月	450個

X2年3月に乙社の購入数量が900個を超えたため、1個当たりの価格を285千円に遡及的に減額することが必要になったが、1個当たり300千円のまま記帳している。

解答欄

決算整理後残高試算表　(単位：千円)

売掛金	(　　　)	返金負債	(　　　)
		売上	(　　　)

解　答：P.182

【2】 重要度B　標準時間３分

下記の資料に基づき、製品Ｘの顧客への移転時及び製品Ｙの顧客への移転時の仕訳をそれぞれ答えなさい。

（資　料）

1．当社がＡ社(顧客)に製品Ｘ及び製品Ｙを合わせて5,000千円で販売する契約を締結した。当該契約では、まず製品Ｘを引渡し、製品Ｘの引渡しに対する支払は製品Ｙの引渡しを条件とすると定められている。すなわち、5,000千円の対価は、当社が製品Ｘと製品Ｙの両方をＡ社に移転した後にはじめて支払われる。したがって、当社は、製品Ｘと製品Ｙの両方が顧客に移転されるまで、対価に対する無条件の権利(顧客との契約から生じた債権)を有さない。

2．当社は、製品Ｘと製品Ｙを移転する約束のそれぞれを履行義務として識別し、両者の独立販売価格に基づいて、製品Ｘを移転する履行義務に2,000千円、製品Ｙを移転する履行義務に3,000千円を配分する。当社は、製品に対する支配がＡ社に移転する時に、それぞれの履行義務について収益を認識する。

解答欄

製品Ｘの顧客への移転時

（単位：千円）

借　　方	金　　額	貸　　方	金　　額

製品Ｙの顧客への移転時

（単位：千円）

借　　方	金　　額	貸　　方	金　　額

解　答：Ｐ.182

解　答　編

1　簿記一巡

【1】

①	63,800	②	218,300	③	4,390
④	100,000	⑤	100,000	⑥	377,340
⑦	繰越利益剰余金	⑧	残　　高	⑨	96,000

〔解説〕

1．決算整理前残高試算表

① 繰越商品：期首商品を示す。

商品ＢＯＸ

借方	貸方
期首　差額 (63,800)	後T/B仕入 1,138,000
前T/B仕入 1,125,000	期末 ※ 50,800

※ 49,000（後T/B繰商）＋ 1,800（後T/B減耗）＝50,800

② 減価償却累計額

227,700（後T/B減累）－（9,900（後T/B減費）－ 500（前T/B減費））＝218,300

③ 貸倒引当金

5,350（後T/B貸引）－ 960（後T/B貸繰）＝4,390

④ 繰越利益剰余金

剰余金配当後の残額となる。

111,000（前·繰）－1,000（利·準）－10,000（未·配）＝100,000

2．決算整理後残高試算表

⑤ 繰越利益剰余金

決算整理前残高試算表と同額となる。

3．損益勘定

⑥ 販売管理費

364,580（前T/B販管費）＋ 12,760（後T/B未払販管費）＝377,340

⑦ 繰越利益剰余金

（損　　益）　96,000※　（繰越利益剰余金）　96,000

※ 損益勘定貸借差額

4．繰越利益剰余金勘定

⑧ 残高

（繰越利益剰余金）　196,000※　（残　　高）　196,000

※ 繰越利益剰余金勘定貸借差額

⑨ 損益

（損　　益）　96,000※　（繰越利益剰余金）　96,000

※ 損益勘定貸借差額

【2】

営業費の当期支払額　10,395円

〔解説〕

1．期首再振替仕訳

（未払営業費）　238　（営　業　費）　238

（営　業　費）　385　（前払営業費）　385

2．期中仕訳

（営　業　費）　10,395※　（当　　座）　10,395

※ 下記4.参照

3．決算整理仕訳

（営　業　費）　417　（未払営業費）　417

（前払営業費）　282　（営　業　費）　282

4．営業費勘定

2　現金預金

【1】

決算整理後残高試算表　（単位：円）

現　　金（ 145,000）	
受取手形（ 486,000）	
（雑 損 失）（ 9,000）	

〔解説〕

（受取手形）	6,000※1	（現　　金）	6,000
（雑 損 失）	9,000※2	（現　　金）	9,000

※1　先日付小切手は、受取手形として処理する。

※2　現金過不足の算定

帳簿：160,000（前T/B現金） − 6,000（先日付小切手） ＝154,000

実際：100,000（通貨）＋ 10,000（他人振出小切手） ＋ 35,000（送金為替手形）

＝145,000

∴154,000−145,000＝9,000(雑損失)

【2】

（修 繕 費）	540	（現金過不足）	420
（買 掛 金）	760	（売　　上）	850
		（雑 収 入）	貸借差額 30

【3】

(1)　6月20日及び9月18日の仕訳

6/20：	（支払手形）	102,000	（当座預金）	5,000
			（当座借越）	97,000
9/18：	（当座借越）	76,000	（売 掛 金）	92,000
	（当座預金）	16,000		

(2)　勘定記入

当　座　預　金

1/1	（前期繰越）	（ 54,000）	(5/4)	(買 掛 金)	（ 49,000）
(9/18)	(売 掛 金)	（ 16,000）	(6/20)	(支払手形)	（ 5,000）
(11/22)	(売　　上)	（ 35,000）	(12/31)	(残　　高)	（ 51,000）
		（105,000）			（105,000）

当　座　借　越

(7/25)	(受取手形)	（ 21,000）	(6/20)	(支払手形)	（ 97,000）
(9/18)	(売 掛 金)	（ 76,000）			
		（ 97,000）			（ 97,000）

〔解説〕

1．一勘定制による仕訳

5/4：	（買 掛 金）	49,000	（当　　座）	49,000
6/20：	（支払手形）	102,000	（当　　座）	102,000
7/25：	（当　　座）	21,000	（受取手形）	21,000
9/18：	（当　　座）	92,000	（売 掛 金）	92,000
11/22：	（当　　座）	35,000	（売　　上）	35,000

2．二勘定制による仕訳

5/4：	（買 掛 金）	49,000	（当座預金）	49,000
6/20：	（支払手形）	102,000	（当座預金）	5,000
			（当座借越）	97,000
7/25：	（当座借越）	21,000	（受取手形）	21,000
9/18：	（当座借越）	76,000	（売 掛 金）	92,000
	（当座預金）	16,000		
11/22：	（当座預金）	35,000	（売　　上）	35,000

【4】

問1　決算整理前残高試算表の当座預金勘定の金額

298,000円

問2

決算整理後残高試算表　（単位：円）

現　　金	（179,000）	買 掛 金	（469,200）
当座預金	（314,600）	（未 払 金）	（ 30,600）
売 掛 金	（581,700）	雑 収 入	（ 5,400）
営 業 費	（664,800）		
雑 損 失	（ 17,000）		

〔解説〕

1．当座預金

(1)　仕訳なし

(2)　仕訳なし

(3)　（当座預金）　30,600　（未 払 金）　30,600

(4)　（営 業 費）　14,000　（当座預金）　14,000

当座預金

前T/B	貸借差額 (298,000)	(4)	14,000
(3)	30,600	残	314,600

銀　行

証	332,300	(1)	33,700
(2)	16,000	残	314,600

（両方の残 314,600：一致）

2．現金

⑴ （営　業　費）　27,000　（現　　　金）　27,000

⑵ （現　　　金）　60,000　（売　掛　金）　60,000

⑶ （雑　損　失）　4,000※　（現　　　金）　4,000

※ 150,000（前T/B現金） − 27,000（上記⑴） + 60,000（上記⑵） − 179,000（実際有高）
　= 4,000

【5】

決算整理後残高試算表　（単位：円）

当　　座	（512,000）	買　掛　金	（612,000）
売　掛　金	（553,000）	未　払　金	（48,000）

〔解説〕

1．甲銀行

⑴ （当　　　座）　17,000※　（買　掛　金）　17,000
　（当　　　座）　16,000　（未　払　金）　16,000

※ 25,000（掛代金分） − 8,000（未取付分） = 17,000

⑵ 仕訳なし

⑶ （当　　　座）　65,000　（売　掛　金）　65,000

当　座

借方		貸方	
前T/B	438,000※		
⑴	17,000		
〃	16,000		
⑶	（65,000）貸借差額	残	536,000

銀　行

借方		貸方	
証	464,000	⑴	8,000
⑵	80,000	残	536,000

残 536,000 ← 一致 → 残 536,000

※　下記（参考）参照

2．乙銀行

仕訳なし

（参考）

決算整理前残高試算表の当座勘定の内訳

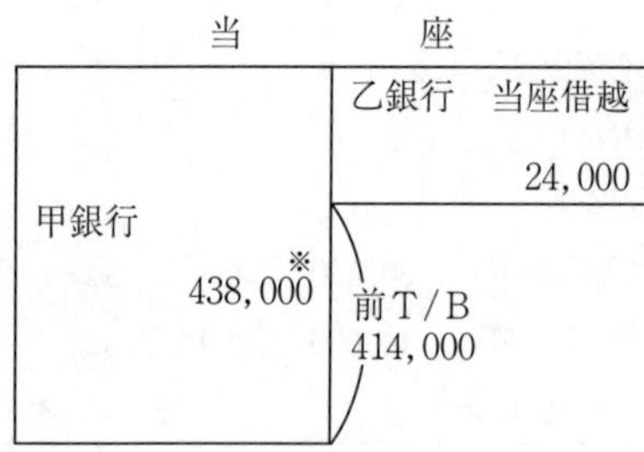

※　24,000 + 414,000 = 438,000

3　固定資産

① 有形固定資産

【1】

	借方	金額	貸方	金額
(1)	(土　地)	4,470,000	(当座預金)	4,000,000
			(現　金)	470,000
(2)	(土　地)	100,000	(当座預金)	100,000
(3)	(機　械)	380,000	(当座預金)	380,000
(4)	(建　物)	1,000,000	(建設仮勘定)	700,000
			(当座預金)	300,000
(5)	(土　地)	7,000,000	(土　地)	7,000,000
(6)	(土　地)	1,750,000	(土地受贈益)	1,750,000
	(建　物)	850,000	(建物受贈益)	850,000

【2】

	借方	金額	貸方	金額
(1)	(備　品)	230,000	(仮払金)	30,000
			(備品受贈益)	200,000
(2)①	(土　地)	4,300,000	(当座預金)	4,300,000
②	(土　地)	1,200,000	(当座預金)	1,200,000

〔解説〕

(1) 時価300,000に対し、対価100,000は著しく低いため、低額譲渡となり、この差額については贈与を受けたものと考えて上記の修正が必要となる。

【3】

決算整理後残高試算表　(単位：円)

建　物	20,000,000	減価償却累計額	(12,207,291)
備　品	400,000		
車　両	700,000		
減価償却費	(747,213)		

〔解説〕

建物Ａ：20,000,000(取得原価)×0.9×0.034＝612,000

備品Ｂ：400,000(取得原価)×0.9×0.100＝36,000

車両Ｃ：237,922(期首帳簿価額)×0.417＝99,213.474→99,213

【4】

決算整理後残高試算表　(単位：円)

建　物	5,000,000	減価償却累計額	(2,330,000)
機　械	2,000,000		
減価償却費	(840,000)		

〔解説〕

1．決算整理前残高試算表の減価償却累計額

(1) 建物

$5,000,000\times0.9\times\frac{1年}{50年}\times11年=990,000$

(2) 機械

$2,000,000\times\frac{1年}{8年}\times2年=500,000$

(3) (1)＋(2)＝1,490,000

2．建物

借方	金額	貸方	金額
(減価償却費)	90,000※	(減価償却累計額)	90,000

※　$5,000,000\times0.9\times\frac{1年}{50年}=90,000$

3．機械

借方	金額	貸方	金額
(減価償却費)	750,000※	(減価償却累計額)	750,000

※　1,500,000(期首帳簿価額(注))×$\frac{1年}{4年(見直し後耐用年数)-2年(経過年数)}$

＝750,000

(注)　2,000,000(取得原価)－500,000(減価償却累計額)＝1,500,000

【5】

問1

借方	金額	貸方	金額
(減価償却累計額)	1,200,000	(車　両)	2,000,000
(減価償却費)	150,000※	(車両売却益)	200,000(貸借差額)
(未収金)	850,000		

※　$2,000,000\times0.9\times\frac{1年}{6年}\times\frac{6ヶ月}{12ヶ月}=150,000$

問2

借方	金額	貸方	金額
(減価償却累計額)	244,335	(機　械)	450,000
(減価償却費)	34,277※	(現金預金)	10,000
(機械除却損)	181,388(貸借差額)		

※　205,665(期首帳簿価額)×0.250×$\frac{8ヶ月}{12ヶ月}$＝34,277.5

→34,277

問3

(1) 買換時

借方	金額	貸方	金額
(減価償却累計額)	270,000	(備　品)	500,000
(減価償却費)	37,500※	(現金預金)	850,000
(備品売却損)	42,500(貸借差額)		
(備　品)	1,000,000		

※　旧備品

$500,000\times0.9\times\frac{1年}{5年}\times\frac{5ヶ月}{12ヶ月}=37,500$

(2) 決算時

(減価償却費) 105,000※ (減価償却累計額) 105,000

※ 新備品

$1,000,000 \times 0.9 \times \frac{1年}{5年} \times \frac{7ヶ月}{12ヶ月} = 105,000$

【6】

① 281,445 円

② 500,000 円

③ 27,930 円

〔解説〕

1．買換時

(減価償却累計額) 328,125 (車　　両) 750,000

(減価償却費) 43,945※2 (未　払　金) 700,000※1

(車両売却損) 27,930（貸借差額）

(車　　両) 1,050,000

※1 1,050,000（新車両） − 350,000（下取価額） = 700,000

※2 $421,875 \times 0.250 \times \frac{5ヶ月}{12ヶ月} = 43,945.312\cdots$

→43,945

2．決算整理仕訳

(1) 新規分

(減価償却費) 153,125※ (減価償却累計額) 153,125

※ $1,050,000 \times 0.250 \times \frac{7ヶ月}{12ヶ月} = 153,125$

(2) 従来分

(減価償却費) 84,375※ (減価償却累計額) 84,375

※① 従来分の取得原価

1,650,000（後T/B） − 1,050,000（新規分） = 600,000

② 当期の減価償却費

(600,000（上記①） − 262,500) × 0.250 = 84,375

【7】

(1) (建　　物) 288,000 (現金預金) 720,000

(修　繕　費) 432,000

(2) (減価償却費) 177,600 (減価償却累計額) 177,600

(3) 228,800円

〔解説〕

(1) 支出後の使用可能年数を使用する場合の減価償却費

① 従来分

$(2,000,000 - 1,400,000) \times \frac{1年}{5年} = 120,000$

② 資本的支出分

$288,000 \times \frac{1年}{5年} = 57,600$

③ ①+②=177,600

(2) 従来と同じ耐用年数を使用する場合の減価償却費

① 従来分

$2,000,000 \times \frac{1年}{10年} = 200,000$

② 資本的支出分

$288,000 \times \frac{1年}{10年} = 28,800$

③ ①+②=228,800

【8】 仕訳の単位は千円とする。

X7年3月31日(リース料支払時)

(支払利息) 12,915※ (現金預金) 45,000

(リース債務) 32,085（貸借差額）

※ 184,500×7％=12,915

X8年3月31日(リース料支払時)

(支払利息) 10,669※ (現金預金) 45,000

(リース債務) 34,331（貸借差額）

※ (184,500−32,085)×7％=10,669.05

→10,669

【9】

(1) (支払リース料) 450,000※ (現金預金) 450,000

※ 75,000×6ヶ月=450,000

(2) (支払リース料) 300,000※ (未払リース料) 300,000

※ $450,000 \times \frac{4ヶ月}{6ヶ月} = 300,000$

【10】

(1) リース開始時

(リース資産) 3,000※ (リース債務) 3,000

※① リース料総額の現在価値

(イ) 690

(ロ) 690×0.9300=641.7→642

(ハ) 690×0.8650=596.85→597

(ニ) 690×0.8045=555.105→555

(ホ) 690×0.7482=516.258→516

(ヘ) (イ)+(ロ)+(ハ)+(ニ)+(ホ)=3,000

② 見積現金購入価額

3,200

③ ①<② ∴3,000

(2) X1年4月1日のリース料支払時

(リース債務) 690 (現金預金) 690

(3) X2年3月31日(決算時)

(減価償却費) 500※1 (減価償却累計額) 500

(支払利息) 174※2 (未払利息) 174

※1　3,000×$\frac{1年}{6年}$=500

※2　(3,000−690)×7.52%=173.712→174

(4)　X2年4月1日のリース料支払時

(支払利息)　174※　(現金預金)　690

(リース債務)　516（貸借差額）

※　前期末利息計上額

【11】

決算整理後残高試算表　(単位：円)

リース資産	(　70,600)	リース債務	(　36,836)
減価償却費	(　17,650)	減価償却累計額	(　35,300)
支払利息	(　2,706)		

〔解説〕

(1)　リース開始時

(リース資産)　70,600※　(リース債務)　70,600

※①　リース料総額の現在価値

20,000×3.53=70,600

②　見積現金購入価額

71,000

③　①<②　∴70,600

(2)　X2年3月31日のリース料支払時

(支払利息)　3,530※　(現金預金)　20,000

(リース債務)　16,470（貸借差額）

※　70,600×5%=3,530

(3)　X2年3月31日の減価償却

(減価償却費)　17,650※　(減価償却累計額)　17,650

※　70,600×$\frac{1年}{4年}$=17,650

(4)　X3年3月31日のリース料支払時

(支払利息)　2,706※　(現金預金)　20,000

(リース債務)　17,294（貸借差額）

※　(70,600−16,470)×5%=2,706.5→2,706

(5)　X3年3月31日の減価償却

(減価償却費)　17,650※　(減価償却累計額)　17,650

※　70,600×$\frac{1年}{4年}$=17,650

【12】

決算整理後残高試算表　(単位：円)

建物	(45,000,000)	建物減価償却累計額	(24,000,000)
構築物	1,005,000	構築物減価償却累計額	(　361,284)
建物減価償却費	(　1,500,000)		
構築物減価償却費	(　53,643)		

〔解説〕

1．建物減価償却費

(建物減価償却費)1,500,000※　(建物減価償却累計額)1,500,000

※　45,000,000(注)×$\frac{1年}{30年}$=1,500,000

(注)　取得原価をXとおく

X×$\frac{1年}{30年}$×15年=22,500,000

X=45,000,000

2．構築物減価償却費

(構築物減価償却費)　53,643※　(構築物減価償却累計額)　53,643

※　(1,005,000−307,641)×$\frac{1年}{13年}$=53,643

【13】

(1)　(減価償却累計額)　220,000　(建物)　850,000

(減価償却費)　30,000

(火災未決算)　400,000

(火災損失)　200,000

(2)　(未収金)　250,000　(火災未決算)　400,000

(火災損失)　150,000

【14】

問1

(1)　(当座預金)1,500,000　(国庫補助金収入)1,500,000

(2)　(建物)6,000,000　(当座預金)6,000,000

(3)　(建物圧縮損)1,500,000　(建物)1,500,000

(減価償却費)　60,000※　(減価償却累計額)　60,000

※　(6,000,000−1,500,000)×$\frac{1年}{50年}$×$\frac{8ヶ月}{12ヶ月}$

=60,000

問2

減価償却費　<u>80,000</u>円

6,000,000×$\frac{1年}{50年}$×$\frac{8ヶ月}{12ヶ月}$=80,000

【15】

(減損損失)　5,040　(建物)　840

(土地)　4,200

〔解説〕

1．建物の当期末帳簿価額

(1)　減価償却費

12,000×0.9×$\frac{1年}{50年}$=216

(2)　当期末帳簿価額

3,576（期首帳簿価額）−216（上記(1)）=3,360

3　固定資産

2．減損損失の計上

(1) 認識

建物及び土地の期末帳簿価額：20,160（注）

＞割引前将来キャッシュ・フローの合計額

：20,000　　∴減損処理あり

（注）3,360（建物当期末帳簿価額）＋16,800（土地帳簿価額）＝20,160

(2) 測定

20,160（期末帳簿価額）－15,120（回収可能価額(注)）＝5,040

（注）15,120（正味売却価額）＞13,862（使用価値）　∴15,120

3．減損損失の配分

(1) 建物

$5,040 \times \frac{3,360\ (\text{建物当期末帳簿価額})}{20,160\ (\text{期末帳簿価額})} = 840$

(2) 土地

$5,040 \times \frac{16,800\ (\text{土地帳簿価額})}{20,160\ (\text{期末帳簿価額})} = 4,200$

【16】

当期の減損損失 1,240 円

〔解説〕

（減損損失）1,240※（備　品）1,240

※(1) 認識

備品の帳簿価額：2,200（注1）

＞割引前将来キャッシュ・フローの合計額：1,040（注2）　∴減損処理あり

（注1）① $4,000 \times 0.9 \times \frac{1年}{8年} \times 4年$ ＝ 1,800（当期末減価償却累計額）

② 4,000－1,800（上記①）＝2,200

（注2）160（1年あたりのキャッシュ・フロー）×4年＋400（見積処分収入額）＝1,040

(2) 測定

2,200（当期末帳簿価額）－960（回収可能価額(注)）＝1,240

（注）① 正味売却価額

1,000（当期末時価）－40（処分費用見込額）＝960

② 使用価値

(イ) 160×3.71＝593.6→593

(ロ) 400×0.88＝352

(ハ) (イ)＋(ロ)＝945

③ 960（上記①）＞945（上記②）　∴960

【17】

減損損失 41,600 千円

共用資産に配分される金額 17,600 千円

〔解説〕

1．減損損失

(1) 建物A

減損の兆候がないため、減損処理なし

(2) 建物B

認識

期末帳簿価額：89,500

＜割引前将来キャッシュ・フロー：112,000

∴減損処理なし

(3) 建物C

① 認識

期末帳簿価額：167,200

＞割引前将来キャッシュ・フロー

：152,400　　∴減損処理あり

② 測定

167,200（帳簿価額）－143,200（回収可能価額）＝24,000

(4) 共用資産を加えた場合

① 認識

期末帳簿価額：619,200

＞割引前将来キャッシュ・フロー

：601,000　　∴減損処理あり

② 測定

619,200（帳簿価額）－577,600（回収可能価額）＝41,600

2．共用資産に配分される金額

41,600－24,000（建物C減損損失）＝17,600

【18】

(1) 第1年度期首　取得時の仕訳

（機械装置）19,857（当座預金）18,000

（資産除去債務）1,857※

※　$2,000 \div (1.025)^3 = 1,857.19 \rightarrow 1,857$

(2) 第1年度期末　決算整理仕訳

（利息費用）46（資産除去債務）46※1

（減価償却費）6,619※2（減価償却累計額）6,619

※1　1,857（上記(1)※）×2.5%＝46.425→46

※2 ① $18,000 \times \frac{1年}{3年} = 6,000$

② $1,857\ (\text{上記(1)※}) \times \frac{1年}{3年} = 619$

③　①＋②＝6,619

(3)　第２年度期末　決算整理仕訳

（利 息 費 用）　48　（資産除去債務）　[※１] 48

（減価償却費）　[※２] 6,619　（減価償却累計額）　6,619

（機 械 装 置）　294　（資産除去債務）　[※３] 294

※１　（[上記(1)※] 1,857＋[上記(2)※１] 46）×2.5％＝47.575→48

※２①　$18,000\times\frac{1年}{3年}=6,000$

②　$\underset{}{1,857}$ [上記(1)※] $\times\frac{1年}{3年}=619$

③　①＋②＝6,619

※３　(2,300－2,000)÷1.02＝294.117→294

(4)　第３年度除去時の仕訳

（利 息 費 用）　55　（資産除去債務）　[※１] 55

（減価償却費）　[※２] 6,913　（減価償却累計額）　6,913

（減価償却累計額）　20,151　（機 械 装 置）　[※３] 20,151

（資産除去債務）　2,300　（当 座 預 金）　2,310

（履 行 差 額）　[貸借差額] 10

※１　2,300－（[上記(1)※] 1,857＋[上記(2)※１] 46＋[上記(3)※１] 48
＋[上記(3)※３] 294）＝55

※２　（19,857＋[上記(3)※３] 294）－6,619×２＝6,913

※３　19,857＋294＝20,151

②　無形固定資産

【１】

（商標権償却）　[※] 84　（商　標　権）　84

※　$798\times\frac{12ヶ月}{120ヶ月-6ヶ月}=84$ （120ヶ月－6ヶ月：未償却月数）

【２】

問１　X1年６月１日

（ソフトウェア）　[※１] 240,000　（当 座 預 金）　263,000

（販売管理費）　[※２] 23,000

※１　[購入代価] 220,000＋[修正作業費用] 20,000＝240,000

※２　[コンバート費用] 15,000＋[トレーニング費用] 8,000＝23,000

問２　X2年３月31日

（ソフトウェア償却）　[※] 40,000　（ソフトウェア）　40,000

※　$240,000\times\frac{10ヶ月}{60ヶ月}=40,000$

【３】

	第１年度	第２年度	第３年度
見込販売数量に基づく減価償却額	172,800円	72,000円	43,200円
見込販売収益に基づく減価償却額	216,000円	45,000円	27,000円

〔解説〕

(1)　見込販売数量に基づく減価償却額

第１年度

①　[ソフトウェア制作費] 288,000
$\times\frac{7,200個}{7,200個+2,000個+2,800個}=172,800$
（分子：第１年度の実績販売数量、分母：販売開始時の総見込販売数量）

②　[ソフトウェア制作費] $288,000\times\frac{1年}{3年}=96,000$ （3年：残存有効期間）

③　①＞②　∴172,800

第２年度

①　([未償却残高] 288,000－172,800)$\times\frac{3,000個}{3,000個+1,800個}$
＝72,000
（分子：第２年度の実績販売数量、分母：第２年度期首の見込販売数量）

②　([未償却残高] 288,000－172,800)$\times\frac{1年}{3年-1年}=57,600$ （3年－1年：残存有効期間）

③　①＞②　∴72,000

第３年度　288,000－（[第１年度償却額] 172,800＋[第２年度償却額] 72,000）
＝43,200

(2)　見込販売収益に基づく減価償却額

第１年度

①　[ソフトウェア制作費] 288,000
$\times\frac{7,200,000}{7,200,000+1,112,000+1,288,000}=216,000$
（分子：第１年度の実績販売収益、分母：販売開始時の総見込販売収益）

②　[ソフトウェア制作費] $288,000\times\frac{1年}{3年}=96,000$ （3年：残存有効期間）

③　①＞②　∴216,000

第２年度

①　([未償却残高] 288,000－216,000)$\times\frac{1,500,000}{1,500,000+900,000}$
＝45,000
（分子：第２年度の実績販売収益、分母：第２年度期首の見込販売収益）

②　([未償却残高] 288,000－216,000)$\times\frac{1年}{3年-1年}=36,000$ （3年－1年：残存有効期間）

③　①＞②　∴45,000

第３年度　288,000－（[第１年度償却額] 216,000＋[第２年度償却額] 45,000）
＝27,000

３
固定資産

【4】

減損処理後ののれんの金額　291,500円

〔解説〕

1．のれんの分割

(1) 帳簿価額

$$520,000\times\frac{20年-3年}{20年}=442,000$$

(2) 各事業への分割

① 事業A

$$442,000\times\frac{\overset{事業A時価}{8,250,000}}{\underset{事業A時価}{8,250,000}+\underset{事業B時価}{6,750,000}}=243,100$$

② 事業B

$$442,000\times\frac{\overset{事業B時価}{6,750,000}}{\underset{事業A時価}{8,250,000}+\underset{事業B時価}{6,750,000}}=198,900$$

2．各資産ごとの減損損失の認識の判定及び測定

(1) 建物

減損の兆候がないため、減損処理なし。

(2) 備品

認識：$\overset{帳簿価額}{850,000}<\overset{割引前将来CF}{861,000}$　∴減損処理なし

(3) 土地

① 認識：$\overset{帳簿価額}{4,800,000}>\overset{割引前将来CF}{4,520,000}$

∴減損処理あり

② 測定：$\overset{帳簿価額}{4,800,000}-\overset{回収可能価額}{4,250,000}=550,000$

3．のれんを加えたより大きな単位での判定

(1) 認識

① 帳簿価額合計

$\overset{建物}{2,600,000}+\overset{備品}{850,000}+\overset{土地}{4,800,000}+\overset{のれん}{243,100}$

$=8,493,100$

② 判定

$\overset{帳簿価額}{8,493,100}>\overset{割引前将来CF}{7,954,000}$　∴減損処理あり

(2) 測定

$\overset{帳簿価額}{8,493,100}-\overset{回収可能価額}{7,792,600}=700,500$

(3) のれんに配分される減損損失

$700,500-550,000=150,500$

4．減損処理後ののれんの金額

$\overset{上記1.(1)}{442,000}-\overset{上記3.(3)}{150,500}=291,500$

4　債権債務

【1】

(1)（受取手形）100,000（売　　上）100,000

(2)（受取手形）150,000（売　　上）200,000
　（売 掛 金）50,000

(3)①（仮 払 金）20,000（現　　金）20,000
　②（旅費交通費）19,500（仮 払 金）20,000
　（現　　金）500

(4)①（現　　金）100,000（前 受 金）100,000
　②（前 受 金）100,000（売　　上）200,000
　（売 掛 金）100,000

【2】

(1)（受取手形）1,000,000（売 掛 金）1,000,000

(2)（買 掛 金）1,240,000（受取手形）1,000,000
　（支払手形）240,000
　（保証債務費用）10,000（保証債務）10,000

(3)（保証債務）10,000（保証債務取崩益）10,000

【3】

(1)（受取手形）800,000（売　　上）1,400,000
　（売 掛 金）600,000

(2)（当座預金）795,200（受取手形）800,000
　（手形売却損）4,800
　（保証債務費用）8,000（保証債務）8,000

(3)（保証債務）8,000（保証債務取崩益）8,000

【4】

決算整理後残高試算表　（単位：円）

借方科目	金額	貸方科目	金額
現金預金	(2,699,350)	支払手形	(150,000)
受取手形	(500,000)	保証債務	(3,500)
手形売却損	(900)	(保証債務取崩益)	(1,000)
保証債務費用	(4,500)		

〔解説〕

1．裏書手形
　（支払手形）150,000（受取手形）150,000
　（保証債務費用）1,500（保証債務）1,500

(1) 会社仕訳
　（仕　　入）150,000（支払手形）150,000

(2) 正しい仕訳
　（仕　　入）150,000（受取手形）150,000
　（保証債務費用）1,500（保証債務）1,500

2．割引手形
　（現金預金）199,350（受取手形）200,000
　（手形売却損）650
　（保証債務費用）2,000（保証債務）2,000

3．満期日の未処理
　（保証債務）1,000（保証債務取崩益）1,000

5 引当金

① 貸倒引当金

【1】

決算整理後残高試算表 (単位：円)

受取手形	300,000	貸倒引当金	(16,000)
売掛金	500,000		
貸倒損失	(3,750)		
貸倒引当金繰入	(2,500)		

〔解説〕

(貸倒引当金) 4,000 (貸倒損失) 4,000

(貸倒引当金繰入) ※2,500 (貸倒引当金) 2,500

※ (300,000＋500,000)×2％－(前T/B貸引 17,500 －4,000)＝2,500

【2】

決算整理後残高試算表 (単位：円)

現金預金	52,600	貸倒引当金	(7,883)
受取手形	(55,000)	受取利息	5,000
売掛金	78,000	(貸倒引当金戻入)	(400)
貸付金	100,000		
破産更生債権等	(3,000)		
(貸倒引当金繰入)	(5,223)		

〔解説〕

1．手形の不渡

(破産更生債権等) 3,000 (受取手形) 3,000

2．貸倒引当金

(1) 一般債権

(貸倒引当金) 400 (貸倒引当金戻入) ※400

※① {(前T/B受手 58,000 －3,000)＋前T/B売掛金 78,000 }×2％

＝2,660

② 前T/B貸引 3,060 －2,660＝400

(2) 貸倒懸念債権

(貸倒引当金繰入) ※3,723 (貸倒引当金) 3,723

※ 前T/B貸付金 100,000 － 割引現在価値(注) 96,277 ＝3,723

(注) 3,000×1.859＋100,000×0.907

＝96,277

(3) 破産更生債権等

(貸倒引当金繰入) ※1,500 (貸倒引当金) 1,500

※ 3,000－ 回収見込額 1,500 ＝1,500

【3】

決算整理後残高試算表 (単位：円)

現金預金	(124,000)	貸倒引当金	(158,437)
受取手形	(365,000)	(受取利息)	(53,617)
売掛金	(300,000)		
貸付金	(1,200,000)		
破産更生債権等	(85,000)		
貸倒引当金繰入	(59,650)		

〔解説〕

1．一般債権

(貸倒引当金繰入) ※4,650 (貸倒引当金) 4,650

※(1) (前T/B受手 450,000 － 貸倒懸念債権 65,000 － 破産更生債権等 85,000)

＋ 前T/B売掛金 300,000 ＝600,000

(2) 上記(1) 600,000×0.9％＝5,400

(3) 上記(2) 5,400－(注) 750＝4,650

(注) 前T/B貸引 128,404 －(前T/B貸付金 1,200,000

－X2.3.31現価 1,072,346)＝750

2．貸倒懸念債権

(1) キャッシュ・フロー見積法

(現金預金) ※2 24,000 (受取利息) ※1 53,617

(貸倒引当金) 貸借差額 29,617

※1 X2.3.31現価 1,072,346×5％＝53,617.3→53,617

※2 1,200,000×2％＝24,000

(2) 財務内容評価法

(貸倒引当金繰入) ※20,000 (貸倒引当金) 20,000

※ (甲社債権 65,000－ 回収見込額 25,000)×50％＝20,000

3．破産更生債権等

(破産更生債権等) 85,000 (受取手形) 85,000

(貸倒引当金繰入) ※35,000 (貸倒引当金) 35,000

※ 乙社債権 85,000－ 回収見込額 50,000 ＝35,000

② 賞与引当金

【1】

決算整理後残高試算表　　(単位：円)

賞与手当	(4,680,000)	賞与引当金	(2,400,000)
賞与引当金繰入	(2,400,000)		

〔解説〕

(賞与引当金)2,160,000　(賞与手当)2,160,000

(賞与引当金繰入)2,400,000※　(賞与引当金)2,400,000

※　$3,600,000 \times \frac{4ヶ月(12月～3月)}{6ヶ月(12月～5月)} = 2,400,000$

5 引当金

6　有価証券

【1】

4/14：(有価証券) 28,900※ (当座預金) 28,900

※　@690（購入代価）×40株+1,300（手数料）=28,900

7/16：(有価証券) 44,520※ (当座預金) 44,520

※　@700（購入代価）×60株+2,520（手数料）=44,520

10/18：(当座預金) 15,000 (仮受金) 15,000

2/1：(有価証券) 30,880※ (当座預金) 30,880

※　@730（購入代価）×40株+1,680（手数料）=30,880

3/31：(仮受金) 15,000 (有価証券) 14,900※1

(有価証券運用損益) 100（貸借差額）

(有価証券) 4,200 (有価証券運用損益) 4,200※2

※1(1)　総平均法による単価

$$\frac{28,900\,(4/14)+44,520\,(7/16)+30,880\,(2/1)}{40株+60株+40株}=@745$$

(2)　売却原価

@745（上記(1)）×20株=14,900

※2　(@780（時価）－@745（上記※1(1)）)×120株=4,200

【2】

(現金預金) 12,500 (有価証券利息) 17,079

(投資有価証券) 4,579

決算整理後残高試算表　(単位：円)

投資有価証券	(478,999)	有価証券利息	(33,999)

〔解説〕

1．X6年9月30日(利払日の処理)

(現金預金) 12,500※2 (有価証券利息) 16,920※1

(投資有価証券) 4,420（貸借差額）

※1　$470,000\times7.2\%\times\frac{6ヶ月}{12ヶ月}=16,920$

※2　$500,000\times5\%\times\frac{6ヶ月}{12ヶ月}=12,500$

2．決算整理前残高試算表の投資有価証券の金額

470,000（発行価額）+4,420（上記1.）=474,420

3．X7年3月31日(決算日の処理)

(現金預金) 12,500※2 (有価証券利息) 17,079※1

(投資有価証券) 4,579（貸借差額）

※1　$(470,000+4,420)\times7.2\%\times\frac{6ヶ月}{12ヶ月}$

=17,079.12→17,079

※2　$500,000\times5\%\times\frac{6ヶ月}{12ヶ月}=12,500$

【3】

損益計算書　(単位：円)

		有価証券利息	(53,600)

貸借対照表　(単位：円)

投資有価証券	(978,400)		

〔解説〕

1．有価証券利息の計上

(現金預金) 25,000 (有価証券利息) 25,000※

※　$1,000,000\times5\%\times\frac{6ヶ月}{12ヶ月}=25,000$

2．償却原価法(定額法)

(投資有価証券) 3,600※ (有価証券利息) 3,600

※　1,000,000（額面金額）－974,800=25,200

$25,200\times\frac{12ヶ月(期首\sim期末)}{84ヶ月(期首\sim償還日)}=3,600$

【4】

決算整理後残高試算表　(単位：円)

投資有価証券	(658,000)	繰延税金負債	(11,200)
関係会社株式	(450,000)	その他有価証券評価差額金	(11,700)
繰延税金資産	(4,900)		

翌期首の振戻し仕訳

(繰延税金負債) 11,200 (投資有価証券) 32,000

(その他有価証券評価差額金) 20,800

(投資有価証券) 14,000 (繰延税金資産) 4,900

(その他有価証券評価差額金) 9,100

〔解説〕

1．A社株式

(投資有価証券) 32,000※1 (繰延税金負債) 11,200※2

(その他有価証券評価差額金) 20,800（貸借差額）

※1　392,000（期末時価）－360,000（取得原価）=32,000(評価益)

※2　32,000（上記※1）×35%=11,200

2．B社株式

(繰延税金資産) 4,900※2 (投資有価証券) 14,000※1

(その他有価証券評価差額金) 9,100（貸借差額）

※1　280,000（取得原価）－266,000（期末時価）=14,000(評価損)

※2　14,000（上記※1）×35%=4,900

3．C社株式

関連会社株式は取得原価評価のため、仕訳なし。

4．翌期首の振戻し仕訳

期末に行った処理の逆仕訳を行う。

【5】

（日付省略）　損　　　　益

	有価証券利息（　34,000）

（日付省略）　残　　　　高

投資有価証券（　978,500）	繰延税金負債（　5,075）
	その他有価証券評価差額金（　9,425）

翌期首の振戻し仕訳

（繰延税金負債）　5,075　（投資有価証券）　14,500
（その他有価証券評価差額金）　9,425

〔解説〕

1．約定利息の計上

（現　　金）　30,000　（有価証券利息）　30,000※

※　$(@100 \times 10,000口) \times 6\% \times \frac{6ヶ月}{12ヶ月} = 30,000$

2．償却原価法（定額法）の適用

（投資有価証券）　4,000　（有価証券利息）　4,000※

※　$(@100 - @96) \times 10,000口 \times \frac{6ヶ月}{60ヶ月} = 4,000$

3．期末時価評価

（投資有価証券）　14,500※1　（繰延税金負債）　5,075※2
　　　　　　　　　　　　　　（その他有価証券評価差額金）　9,425（貸借差額）

※1　978,500（期末時価）－（960,000（前T/B投資有価証券）＋4,000（償却額））＝14,500

※2　14,500（上記※1）×35％＝5,075

4．翌期首の振戻し仕訳

期末に行った処理の逆仕訳を行う。

なお、振戻し仕訳は時価評価に関する仕訳のみとなるため注意すること。

【6】

損　益　計　算　書　（単位：円）

投資有価証券評価損（　156,500）	
関係会社株式評価損（　288,000）	

貸　借　対　照　表　（単位：円）

投資有価証券（　123,500）	
関係会社株式（1,072,000）	

翌期首の振戻し仕訳

仕訳なし

〔解説〕

1．甲社株式

（関係会社株式）　880,000　（投資有価証券）　880,000

2．乙社株式

（関係会社株式）　480,000　（投資有価証券）　480,000
（関係会社株式評価損）　288,000※　（関係会社株式）　288,000

※　480,000（帳簿価額）－192,000（注）＝288,000（評価損）

（注）(1)　乙社の1株あたり純資産額

$\frac{4,500,000 - 3,540,000}{30,000株} = @32$

(2)　@32（上記(1)）×6,000株（保有株数）＝192,000

3．丙社株式

（投資有価証券評価損益）　156,500※　（投資有価証券）　156,500

※　280,000（帳簿価額）－123,500（期末時価）＝156,500（評価損）

減損処理を行った場合、以後の会計処理は付替え後の帳簿価額を基に、保有目的区分に応じて処理を行う。つまり、減損処理した金額の振戻し処理は行わない。

【7】

決算整理後残高試算表　（単位：円）

有価証券（5,955,000）	繰延税金負債（　78,750）
投資有価証券（8,725,000）	その他有価証券評価差額金　48,750
繰延税金資産（　52,500）	有価証券利息（　30,000）
有価証券評価損益（　25,000）	

〔解説〕

1．A社株式及びB社株式

（有価証券評価損益）　25,000※　（有価証券）　25,000

※　（3,250,000（A社株式帳簿価額）＋2,730,000（B社株式帳簿価額））
－（5,000株×@675（A社株式時価）＋3,000株×@860（B社株式時価））
＝25,000

2．C社株式

（投資有価証券）　225,000※1　（繰延税金負債）　78,750※2
　　　　　　　　　　　　　　（その他有価証券評価差額金）　146,250（貸借差額）

※1　（4,500株×@950）（時価）－4,050,000（帳簿価額）＝225,000

※2　225,000（上記※1）×35％＝78,750

3．D社株式

（繰延税金資産）　52,500（貸借差額）　（投資有価証券）　150,000※2
（その他有価証券評価差額金）　97,500※1

※1　146,250 − 48,750 = 97,500
（上記2.　後T/Bその他有価証券評価差額金）

※2　97,500 ÷（1 − 35%）= 150,000
（上記※1　法定実効税率）

4．E社社債

（投資有価証券）　10,000　（有価証券利息）　10,000※

※　（1,000,000 − 940,000）× $\frac{6ヶ月}{36ヶ月}$ = 10,000
（額面総額　取得価額）

【8】

(1)　売買目的有価証券からその他有価証券へ振替える場合

振替時

（投資有価証券）　10,500（振替時時価）　（有価証券）　9,800（取得価額）

（有価証券評価損益）　700（貸借差額）

決算時

（投資有価証券）　1,000※1　（繰延税金負債）　350※2

（その他有価証券評価差額金）　650（貸借差額）

※1　11,500 − 10,500 = 1,000
（当期末時価　振替時時価）

※2　1,000×35% = 350

(2)　その他有価証券から売買目的有価証券へ振替える場合

振替時

（有価証券）　10,500（振替時時価）　（投資有価証券）　9,800（取得価額）

（投資有価証券評価損益）　700（貸借差額）

決算時

（有価証券）　1,000　（有価証券評価損益）　1,000※

※　11,500 − 10,500 = 1,000
（当期末時価　振替時時価）

(3)　その他有価証券から子会社株式へ振替える場合

振替時

（関係会社株式）　9,800（取得価額）　（投資有価証券）　9,800（取得価額）

決算時

仕訳なし

【9】

決算整理後残高試算表　（単位：千円）

有価証券	（172,000）	繰延税金負債	（3,675）
投資有価証券	（570,200）	その他有価証券評価差額金	（6,825）
有価証券評価損益	（1,500）	受取配当金	（900）

〔解説〕　仕訳の単位は千円とする。

1．A社及びB社からの配当金受取時

（受取配当金）　300　（投資有価証券）　300

(1)　会社仕訳

（現金預金）　1,200　（受取配当金）　1,200

(2)　正しい仕訳

（現金預金）　1,200　（受取配当金）　900

（投資有価証券）　300

2．A社株式期末評価

（有価証券評価損益）　1,500※　（有価証券）　1,500

※　173,500 − 172,000 = 1,500
（帳簿価額　当期末時価）

3．B社株式期末評価

（投資有価証券）　6,000※1　（繰延税金負債）　2,100※2

（その他有価証券評価差額金）　3,900（貸借差額）

※1　225,700 −（220,000 − 300）= 6,000
（当期末時価　帳簿価額　配当金）

※2　6,000 × 35% = 2,100
（上記※1　法定実効税率）

4．C社株式期末評価

（投資有価証券）　4,500※1　（繰延税金負債）　1,575※2

（その他有価証券評価差額金）　2,925（貸借差額）

※1　344,500 − 340,000 = 4,500
（当期末時価　帳簿価額）

※2　4,500 ×35% = 1,575
（上記※1）

【10】

決算整理後残高試算表　（単位：円）

現金預金	（1,195,000）	繰延税金負債	（5,600）
有価証券	（882,000）	その他有価証券評価差額金	（10,400）
投資有価証券	（980,000）	有価証券利息	（29,000）
関係会社株式	（1,276,000）	有価証券評価損益	（22,000）
		投資有価証券評価損益	（34,000）

〔解説〕

1．A社株式追加購入の未処理

（関係会社株式）　696,000※　（現金預金）　696,000

※　@464×1,500株 = 696,000

2．B社株式

(1)　保有目的区分の変更の未処理

（有価証券）　860,000（振替日時価）　（投資有価証券）　826,000（B株簿価）

（投資有価証券評価損益）　34,000（貸借差額）

(2) 期末評価

(有価証券) 22,000 (有価証券評価損益) 22,000※

※ 882,000(決算日時価) − 860,000(振替日時価) = 22,000

3．C社社債

(1) 償却原価法(定額法)

(投資有価証券) 4,000 (有価証券利息) 4,000※

※ (1,000,000(注1) − 960,000(注2))
$\times \frac{6ヶ月(取得日〜当期末)}{60ヶ月(取得日〜満期日)} = 4,000$

(注1) 額面総額をxとおく

$x \times 5\% \times \frac{6ヶ月}{12ヶ月} = 25,000$(前T/B有利)

$x = 1,000,000$

(注2) 1,786,000(前T/B投有) − 826,000(B株簿価) = 960,000

(2) 期末評価

(投資有価証券) 16,000※1 (繰延税金負債) 5,600※2
(その他有価証券評価差額金) 10,400(貸借差額)

※1 980,000(決算日時価) − (960,000(上記(1)※(注2)) + 4,000(上記(1))) = 16,000

※2 16,000(上記※1) × 35%(法定実効税率) = 5,600

【11】(第53回本試験改題)

①	9,297,643円	②	9,501,463円
③	118,761円	④	28,770,787円

〔解説〕

1．X4年4月1日

(満期保有目的債券) 9,297,643※ (現金預金) 9,297,643

※ 650,835(X5有証利息) ÷ 7.0%(実効利子率) = 9,297,642.857

→9,297,643

2．X5年3月31日

(現金預金) 600,000 (有価証券利息) 600,000※1

(満期保有目的債券) 50,835 (有価証券利息) 50,835※2

※1 10,000,000(額面金額) × 6%(金利) = 600,000

※2 650,835(X5有証利息) − 600,000(上記※1) = 50,835

3．X5年4月1日

(満期保有目的債券) 9,501,463※ (現金預金) 9,501,463

※ 1,290,991(X6有証利息) − 600,000(下記4.(1)※1) − 54,393(下記4.(1)※2②)

= 636,598

636,598 ÷ 6.7%(実効利子率) = 9,501,462.686

→9,501,463

4．X6年3月31日

(1) 第1回国債

(現金預金) 600,000 (有価証券利息) 600,000※1

(満期保有目的債券) 54,393 (有価証券利息) 54,393※2

※1 10,000,000(額面金額) × 6%(金利) = 600,000

※2① (9,297,643(上記1.※) + 50,835(上記2.※2)) × 7.0%(実効利子率)

= 654,393.46→654,393

② 654,393(上記①) − 600,000(上記※1) = 54,393

(2) 第2回国債

(現金預金) 600,000 (有価証券利息) 600,000※1

(満期保有目的債券) 36,598 (有価証券利息) 36,598※2

※1 10,000,000(額面金額) × 6%(金利) = 600,000

※2 1,290,991(X6有証利息) − 600,000(上記(1)※1) − 54,393(上記(1)※2②)
− 600,000(上記※1) = 36,598

5．X6年4月1日

(満期保有目的債券) 9,711,094※ (現金預金) 9,711,094

※ 1,918,761(X7有証利息) − 600,000(下記6.(1)※1) − 58,201(下記6.(1)※2②)
− 600,000(下記6.(2)※1) − 39,050(下記6.(2)※2②) = 621,510

621,510 ÷ 6.4%(実効利子率) = 9,711,093.75

→9,711,094

6．X7年3月31日

(1) 第1回国債

(現金預金) 600,000 (有価証券利息) 600,000※1

(満期保有目的債券) 58,201 (有価証券利息) 58,201※2

※1 10,000,000(額面金額) × 6%(金利) = 600,000

※2① (9,297,643(上記1.※) + 50,835(上記2.※2) + 54,393(上記4.(1)※2②))
× 7.0%(実効利子率) = 658,200.97→658,201

② 658,201(上記①) − 600,000(上記※1) = 58,201

(2) 第2回国債

(現金預金) 600,000 (有価証券利息) 600,000※1

(満期保有目的債券) 39,050 (有価証券利息) 39,050※2

※1 10,000,000(額面金額) × 6%(金利) = 600,000

※2① (9,501,463(上記3.※) + 36,598(上記4.(2)※2)) × 6.7%(実効利子率)

= 639,050.087→639,050

② 639,050(上記①) − 600,000(上記※1) = 39,050

(3) 第3回国債

（現 金 預 金） 600,000 （有価証券利息） 600,000 ※1

（満期保有目的債券） 21,510 （有価証券利息） 21,510 ※2

※1 10,000,000（額面金額）× 6％（金利）＝600,000

※2 1,918,761（X7有証利息）－600,000（上記(1)※1）－58,201（上記(1)※2②）
－600,000（上記(2)※1）－39,050（上記(2)※2②）－600,000（上記※1）＝21,510

7．国債の償却原価の総額

(1) 第1回国債
9,297,643（上記1．※）＋50,835（上記2．※2）＋54,393（上記4．(1)※2②）
＋58,201（上記6．(1)※2②）＝9,461,072

(2) 第2回国債
9,501,463（上記3．※）＋36,598（上記4．(2)※2）＋39,050（上記6．(2)※2②）
＝9,577,111

(3) 第3回国債
9,711,094（上記5．※）＋21,510（上記6．(3)※2）＝9,732,604

(4) (1)＋(2)＋(3)＝28,770,787

〔図解〕

各国債の償却原価の推移

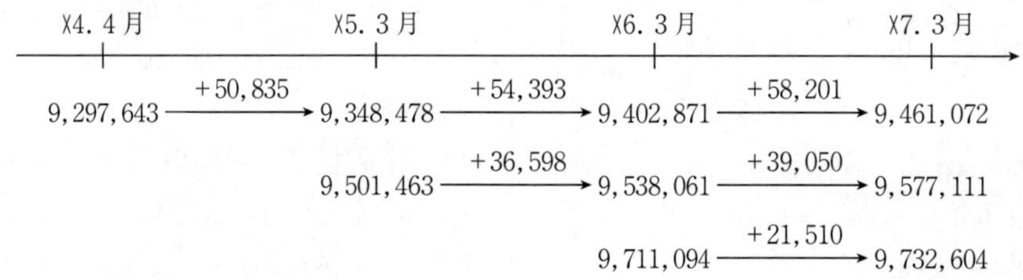

7　商品売買

①　普通商品売買

【1】

問1

⑴　分記法

2.（商　　　品）120,000（買　掛　金）120,000
3.（売　掛　金）168,000（商　　　品）112,000
　　　　　　　　　　　　（商品販売益）　56,000

⑵　三分法

2.（仕　　　入）120,000（買　掛　金）120,000
3.（売　掛　金）168,000（売　　　上）168,000

⑶　売上原価計上法

2.（商　　　品）120,000（買　掛　金）120,000
3.（売　掛　金）168,000（売　　　上）168,000
　（売上原価）112,000（商　　　品）112,000

⑷　総記法

2.（商　　　品）120,000（買　掛　金）120,000
3.（売　掛　金）168,000（商　　　品）168,000

問2

⑴　分記法

決算整理前残高試算表　（単位：円）

商　　　品（　17,600）	商品販売益（　56,000）

⑵　三分法

決算整理前残高試算表　（単位：円）

繰越商品（　9,600）	売　　　上（　168,000）
仕　　　入（　120,000）	

⑶　売上原価計上法

決算整理前残高試算表　（単位：円）

商　　　品（　17,600）	売　　　上（　168,000）
売上原価（　112,000）	

⑷　総記法

決算整理前残高試算表　（単位：円）

	商　　　品（　38,400）

問3

⑴　分記法

仕訳なし

⑵　三分法

（仕　　　入）　9,600（繰越商品）　9,600
（繰越商品）17,600（仕　　　入）17,600

⑶　売上原価計上法

仕訳なし

⑷　総記法

（商　　　品）56,000（商品販売益）56,000

問4

⑴　分記法

決算整理後残高試算表　（単位：円）

商　　　品（　17,600）	商品販売益（　56,000）

⑵　三分法

決算整理後残高試算表　（単位：円）

繰越商品（　17,600）	売　　　上（　168,000）
仕　　　入（　112,000）	

⑶　売上原価計上法

決算整理後残高試算表　（単位：円）

商　　　品（　17,600）	売　　　上（　168,000）
売上原価（　112,000）	

⑷　総記法

決算整理後残高試算表　（単位：円）

商　　　品（　17,600）	商品販売益（　56,000）

【2】

問1

⑴（商　　　品）2,100（買　掛　金）2,100
⑵（売　掛　金）2,250（商　　　品）1,800
　　　　　　　　　　（商品販売益）450
⑶（買　掛　金）200（商　　　品）200
⑷（商　　　品）200（売　掛　金）250
　（商品販売益）50
⑸（商品販売益）30（売　掛　金）30

問2

損益計算書　(単位：円)

Ⅰ 売上高			(1,970)
Ⅱ 売上原価			
期首商品棚卸高	(300)		
当期商品仕入高	(1,900)		
合計	(2,200)		
期末商品棚卸高	(600)		(1,600)
売上総利益			(370)
Ⅲ 販売費及び一般管理費			
棚卸減耗損	(100)		

【3】

決算整理後残高試算表　(単位：円)

繰越商品	(23,000)	売上	(150,000)
仕入	(120,000)	(仕入割引)	(3,500)

〔解説〕

1．仕入割引の修正

(仕　入)　3,500　(仕入割引)　3,500

2．売上原価の算定

(仕　入)　15,000　(繰越商品)　15,000

(繰越商品)　23,000　(仕　入)　23,000

3．売上の算定

後T/B仕入
120,000 ÷80% = 150,000

2 商品有高帳

【1】

(先入先出法)　商品有高帳　(単位：個、円)

日付		摘要	受入欄 数量	受入欄 単価	受入欄 金額	払出欄 数量	払出欄 単価	払出欄 金額	残高欄 数量	残高欄 単価	残高欄 金額
3	1	前月繰越	400	180	72,000				400	180	72,000
	8	受入	200	216	43,200				400	180	72,000
									200	216	43,200
	15	払出				400	180	72,000			
						100	216	21,600	100	216	21,600
	22	受入	400	240	96,000				100	216	21,600
									400	240	96,000
	29	払出				100	216	21,600			
						200	240	48,000	200	240	48,000
	31	次期繰越				200	240	48,000			
			1,000		211,200	1,000		211,200			

【2】

損益計算書　(単位：円)

期首商品棚卸高	(10,000)	売上高	(50,400)
当期商品仕入高	(44,200)	期末商品棚卸高	(21,000)
棚卸減耗損	(700)		

貸借対照表　(単位：円)

商品	(20,300)		

（参考）

（先入先出法）　　商 品 有 高 帳　　（単位：個、円）

日付		摘要	受入欄 数量	受入欄 単価	受入欄 金額	払出欄 数量	払出欄 単価	払出欄 金額	残高欄 数量	残高欄 単価	残高欄 金額
4	1	前期繰越	(100)	100	(10,000)				(100)	100	(10,000)
6	18	仕入	100	120	12,000				(100)	100	(10,000)
									100	120	12,000
8	15	売上				(100)	100	(10,000)			
						30	120	3,600	70	120	8,400
11	20	仕入	(230)	140	(32,200)				70	120	8,400
									(230)	140	(32,200)
1	25	売上				70	120	8,400			
						(80)	140	(11,200)	150	140	21,000
3	31	棚卸減耗損				(5)	140	(700)	(145)	140	(20,300)
	〃	次期繰越				145	140	20,300			
			(430)		(54,200)	(430)		(54,200)			

③ 期末商品の評価

【1】

(仕　　入)	40,000	(繰越商品)	40,000
(繰越商品)	50,000 ※1	(仕　　入)	50,000
(棚卸減耗損)	5,000 ※2	(繰越商品)	5,000

※1　40,000（期首商品）＋250,000（当期仕入）－320,000（当期売上）×75%（原価率）
＝50,000

※2　50,000（上記※1）－45,000（期末実地）＝5,000

【2】

(仕　　入)	340,000	(繰越商品)	340,000
(繰越商品)	350,000	(仕　　入)	350,000
(棚卸減耗損)	35,000	(繰越商品)	62,000
(商品評価損)	27,000		

損 益 計 算 書　（単位：円）

Ⅰ 売上高		(2,800,000)
Ⅱ 売上原価		
期首商品棚卸高	(340,000)	
当期商品仕入高	(2,500,000)	
合計	(2,840,000)	
期末商品棚卸高	(350,000)	
差引	(2,490,000)	
(商品評価損)	(27,000)	(2,517,000)
売上総利益		(283,000)
Ⅲ 販売費及び一般管理費		
棚卸減耗損	(35,000)	(35,000)
営業利益		(248,000)

（以 下 省 略）

【3】

(1) 原価率：0.8(80%)

(2) 期末実地棚卸原価：312,000円

(3) 棚卸減耗損：28,000円

〔解説〕

(1) $\frac{420,000+1,360,000}{503,000+1,360,000+380,000+24,000-13,000-36,000+7,000}=0.8(80\%)$

(2) 390,000×0.8＝312,000

(3)　$(2,225,000^{※} - 1,800,000) \times 0.8 - 312,000 = 28,000$

※　販売可能売価総額

$503,000 + 1,360,000 + 380,000 + 24,000$

$-13,000 - 36,000 + 7,000 = 2,225,000$

【4】

(1)　原価率　0.78(78%)

(2)　商品の貸借対照表価額　327,600円

〔解説〕

(1)　原価率

$$\frac{324,000 + 4,980,000}{405,000 + 6,180,000 + 250,000 - 35,000} = 0.78(78\%)$$

(2)　商品の貸借対照表価額

$420,000 \times 0.78 = 327,600$

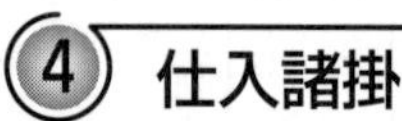

仕入諸掛

【1】

(仕　　　入)	15,000	(繰 越 商 品)	15,000
(繰 越 商 品)	50,000	(仕　　　入)	50,000
(仕入諸掛費)	1,500	(繰延仕入諸掛)	1,500
(仕　　　入)	41,500	(仕入諸掛費)	46,500
(繰延仕入諸掛)	5,000		
(棚卸減耗損)	5,500	(繰 越 商 品)	5,000
		(繰延仕入諸掛)	500

〔解説〕

(1)　期末繰延仕入諸掛

$$(1,500 + 45,000) \times \frac{50,000}{15,000 + 450,000} = 5,000$$

(2)　期末帳簿棚卸高(原価)

$50,000 + \overset{上記(1)}{5,000} = 55,000$

(3)　期末実地棚卸高(原価)

$$45,000 + \overset{上記(1)}{5,000} \times \frac{45,000}{50,000} = 49,500$$

(4)　棚卸減耗損

$\overset{上記(2)}{55,000} - \overset{上記(3)}{49,500} = 5,500$

(5)　減耗分の繰延仕入諸掛

$$\overset{上記(1)}{5,000} \times \frac{\overset{棚減(購入代価)}{5,000}}{50,000} = 500$$

5　その他

【1】

(見 本 品 費)	1,000	(仕　　　入)	1,000
(仕　　　入)	10,000	(繰 越 商 品)	10,000
(繰 越 商 品)	20,000	(仕　　　入)	20,000
(棚卸減耗損)	2,000	(繰 越 商 品)	6,000
(商品評価損)	4,000		

決算整理後残高試算表　(単位：円)

繰 越 商 品	(14,000)	売　　上	180,000
仕　　入	(89,000)		
見 本 品 費	(1,000)		
棚卸減耗損	(2,000)		
商品評価損	(4,000)		

【2】

精　　算　　表　(単位：円)

勘定科目	残高試算表		決 算 整 理		損益計算書		貸借対照表	
	借方	貸方	借方	貸方	借方	貸方	借方	貸方
繰越商品	250		200	270			180	
仕　入	1,300		250	200	1,350			
棚卸減耗損			20		20			

(仕　　　入)	250	(繰 越 商 品)	250
(繰 越 商 品)	200	(仕　　　入)	200
(棚卸減耗損)	20	(繰 越 商 品)	20

【3】

決算整理後残高試算表　(単位：円)

売 掛 金	(1,800,000)	買 掛 金	(750,000)
繰 越 商 品	(1,500,000)	売　　上	(12,000,000)
仕　　入	(8,400,000)		
棚卸減耗損	(100,000)		

〔解説〕

1．(資料) 2．については下記の仕訳が未処理である。

(売　掛　金)1,000,000　(売　　　上)1,000,000

2．適正な期末実地棚卸高(原価)

$1,900,000 - \overset{未船積原価}{400,000} = 1,500,000$

3．決算整理事項

(仕　　　入)	1,000,000	(繰 越 商 品)	1,000,000
(繰 越 商 品)	1,600,000	(仕　　　入)	1,600,000
(棚卸減耗損)	100,000	(繰 越 商 品)	100,000※

※　$\overset{期末帳簿}{1,600,000} - \overset{上記2.}{1,500,000} = 100,000$

8 退職給付会計

【1】

決算整理後残高試算表　(単位：千円)

退職給付費用	(124,004)	退職給付引当金	(1,256,004)

〔解説〕 仕訳の金額は千円単位とする。

(退職給付費用) 124,004※ (退職給付引当金) 124,004
(退職給付引当金) 4,000 (現金預金) 4,000
(退職給付引当金) 38,000 (現金預金) 38,000

※1 勤務費用

117,000

2 利息費用
期首退職給付債務 1,960,000 × 割引率 1.4% = 27,440

3 期待運用収益
期首年金資産 786,000 × 長期期待運用収益率 2.6% = 20,436

4 上記1 117,000 + 上記2 27,440 − 上記3 20,436 = 124,004

【2】

決算整理後残高試算表　(単位：千円)

退職給付費用	(11,450)	退職給付引当金	(22,300)

〔解説〕 仕訳の金額は千円単位とする。

1．期首未認識数理計算上の差異の算定

前　期　末

年金資産 4,000	退職給付債務 20,000
未認識数理計算上の差異 (1,500)	
退職給付引当金 14,500	

2．期首退職給付費用の設定仕訳

(退職給付費用) 11,450※ (退職給付引当金) 11,450

※ 勤務費用 11,000 + 利息費用(注1) 500 + 数理計算上の差異償却額(注2) 150 − 期待運用収益(注3) 200 = 11,450

(注1) 期首退職給付債務 20,000 × 割引率 2.5% = 500

(注2) 期首未認識数理計算上の差異 1,500 ÷ (11年 − 1年) = 150

(注3) 期首年金資産公正価値 4,000 × 長期期待運用収益率 5% = 200

3．期中年金掛金拠出時の仕訳

(退職給付引当金) 2,900 (現金預金) 2,900

4．期中年金支給時の仕訳

仕訳なし

5．期中一時金支払時の仕訳

(退職給付引当金) 750 (現金預金) 750

【3】

決算整理後残高試算表　(単位：千円)

退職給付費用	(32,775)	退職給付引当金	(269,625)

〔解説〕 仕訳の金額は千円単位とする。

1．期首未認識数理計算上の差異の算定

前　期　末

年金資産 230,000	退職給付債務 480,000
未認識数理計算上の差異 (2,750)	
退職給付引当金 247,250	

2．期首退職給付費用の設定仕訳

(退職給付費用) 32,900※ (退職給付引当金) 32,900

※ 勤務費用 28,800 + 利息費用 9,600 − 期待運用収益(注1) 5,750 + 数理計算上の差異償却額(注2) 250 = 32,900

(注1) 期首年金資産 230,000 × 長期期待運用収益率 2.5% = 5,750

(注2) 期首未認識数理計算上の差異 2,750 ÷ (12年 − 1年) = 250

3．期中年金掛金拠出時の仕訳

(退職給付引当金) 9,000 (現金預金) 9,000

4．期中一時金支払時の仕訳

(退職給付引当金) 1,400 (現金預金) 1,400

5．期中年金支給時の仕訳

仕訳なし

6．当期末発生数理計算上の差異の算定及び償却

（退職給付引当金） 125 （退職給付費用） 125※

※ 1,500（下記分析図参照） ÷12年＝125

当期末分析

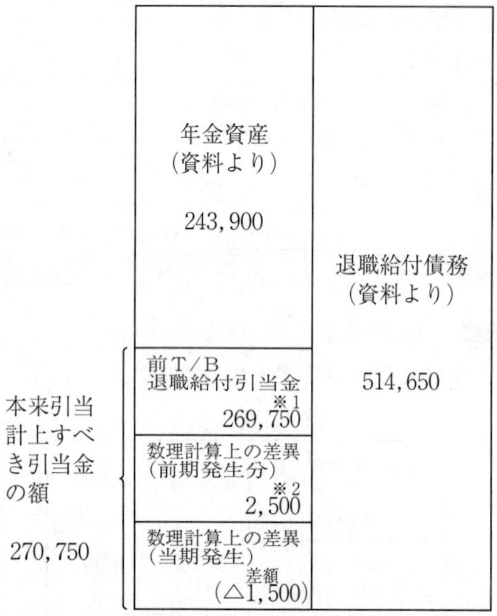

本来引当計上すべき引当金の額 270,750	年金資産（資料より） 243,900	退職給付債務（資料より） 514,650
	前T/B 退職給付引当金 269,750※1	
	数理計算上の差異（前期発生分） 2,500※2	
	数理計算上の差異（当期発生） 差額（△1,500）	

※1 247,250（期首退職給付引当金）＋32,900（上記2.）－9,000（上記3.）－1,400（上記4.）

＝269,750

※2 2,750（上記1.）－250（上記2.※（注2））＝2,500

【4】 仕訳の単位は千円とする。

（退職給付費用） 338,000※ （退職給付引当金） 338,000

※ 1,154,000（当期末引当金）－（960,000（前期末引当金）－144,000（期中退職金支払額））

＝338,000

9 純資産会計

① 設立・増資

【1】

(1) (当座預金)15,000,000 (資本金)15,000,000※

(株式交付費) 1,200,000 (当座預金) 1,200,000

※ 資本金の額(会社法上の原則により全額資本金)

@75,000×200株＝15,000,000

(2) (当座預金)15,000,000 (資本金) 7,500,000※

(資本準備金) 7,500,000※

(株式交付費) 1,200,000 (当座預金) 1,200,000

※ $@75,000\times200株\times\frac{1}{2}=7,500,000$

② 剰余金の配当及び処分

【1】(単位：千円)

株主総会時

(その他資本剰余金)	2,200	(資本準備金)	200
(繰越利益剰余金)	8,800	(利益準備金)	800
		(未払配当金)	10,000

決算時

(損益)	37,000	(繰越利益剰余金)	37,000

当期末貸借対照表

貸借対照表

X2年3月31日 (単位：千円)

	資本金	(100,000)
	資本準備金	(10,200)
	その他資本剰余金	(800)
	利益準備金	(10,800)
	繰越利益剰余金	(68,200)

【2】

貸借対照表 (単位：円)

	資本金	13,520,000
	資本準備金	(1,832,000)
	その他資本剰余金	(568,000)
	利益準備金	(748,000)
	別途積立金	(600,000)
	繰越利益剰余金	(4,952,000)

〔解説〕

X1年5月25日

(その他資本剰余金)	432,000※3	(資本準備金)	32,000※1
(繰越利益剰余金)	648,000※4	(利益準備金)	48,000※2
		(未払配当金)	1,000,000
(繰越利益剰余金)	500,000	(別途積立金)	500,000

※1(1) $\underset{資本金}{13,520,000}\times\frac{1}{4}-(\underset{資本準備金}{2,300,000}+\underset{利益準備金}{1,000,000})=80,000$

(2) $\underset{配当金}{1,000,000}\times\frac{1}{10}=100,000$

(3) $\underset{上記(1)}{80,000}<\underset{上記(2)}{100,000}$ ∴80,000

(4) $\underset{上記(3)}{80,000}\times\frac{400,000}{1,000,000}=32,000$

※2 $\underset{上記※1(3)}{80,000}\times\frac{600,000}{1,000,000}=48,000$

※3 $400,000+\underset{上記※1(4)}{32,000}=432,000$

※4 $600,000+\underset{上記※2}{48,000}=648,000$

X1年11月30日

(資本準備金)	500,000	(その他資本剰余金)	500,000
(利益準備金)	300,000	(繰越利益剰余金)	300,000

X2年3月31日

(損益)	2,800,000	(繰越利益剰余金)	2,800,000

③ 自己株式

【1】

(1) 自己株式の買入時

(自己株式)4,500,000※ (当座預金)4,504,700

(支払手数料) 4,700

※ @45,000×100株＝4,500,000

(2) 消却時

(その他資本剰余金)4,500,000　(自己株式)4,500,000

【2】

問1

貸借対照表		(単位：円)
	資本金	(270,000)
	資本準備金	(120,000)
	その他資本剰余金	(80,000)
	自己株式	(△60,000)

〔解説〕

1．自己株式取得時

(自己株式)　90,000※　(現金預金)　90,000

※　@150×600株＝90,000

2．株式募集時

(現金預金)　70,000　(資本金)　20,000※2

(資本準備金)　20,000※2

(自己株式)　30,000※1

※1　@150×200株＝30,000

※2(1)　$70,000\times\frac{200株}{500株}=28,000$

(2)　30,000(上記※1)－28,000(上記(1))＝2,000

(自己株式処分差損)

(3)　$(70,000\times\frac{300株}{500株}-2,000)\times\frac{1}{2}=20,000$

問2

(現金預金)　80,000　(資本金)　24,000※3

(資本準備金)　24,000※3

(自己株式)　30,000※1

(その他資本剰余金)　2,000※2

※1　@150×200株＝30,000

※2(1)　$80,000\times\frac{200株}{500株}=32,000$

(2)　32,000(上記(1))－30,000(上記※1)＝2,000

(自己株式処分差益)

※3　$80,000\times\frac{300株}{500株}\times\frac{1}{2}=24,000$

【3】

①	②	③	④
1,012,500	478,500	374,000	149,600
⑤	⑥	⑦	⑧
565,000	562,500	127,150	8,128,150

〔解説〕

当期の取引

1．剰余金の配当等

(1) 決議時の仕訳

(繰越利益剰余金)　478,500※3　(未払配当金)　435,000※1

(利益準備金)　43,500※2

※1　剰余金の配当(利益剰余金合計欄)より

※2　$435,000\times\frac{1}{10}=43,500$

※3　貸方合計(②の金額)

剰余金の配当により積立てられる利益準備金は株主資本項目の計数に変動があるだけで、株主資本の合計額には影響はない。したがって、実際に配当される金額のみが株主資本の減少額になる。

(2) 配当時の仕訳

(未払配当金)　435,000　(現金預金)　435,000

2．資本準備金の取崩し

(資本準備金)　450,000※　(その他資本剰余金)　450,000

※　株主資本等変動計算書より

3．自己株式

(1) 取得時

(自己株式)　374,000※　(現金預金)　374,000

※　224,400(当期末自己株式)＋149,600(下記(2))＝374,000(③の金額)

(2) 消却時

(その他資本剰余金)　149,600　(自己株式)　149,600※

※　@340×440株＝149,600(④の金額)

（参考）

（単位：円）

	株主資本								
	資本金	資本剰余金			利益剰余金			自己株式	株主資本合計
		資本準備金	その他資本剰余金	資本剰余金合計	利益準備金	その他利益剰余金 繰越利益剰余金	利益剰余金合計		
当期首残高	5,262,500	※1 1,012,500	0	1,012,500	83,650	1,578,500	1,662,150	0	7,937,150
当期変動額									
資本準備金の取り崩し		△450,000	450,000	0					0
剰余金の配当					43,500	△478,500	△435,000		△435,000
当期純利益						1,000,000	1,000,000		1,000,000
自己株式の取得								△374,000	△374,000
自己株式の消却			△149,600	△149,600				149,600	0
当期変動額合計	0	△450,000	300,400	△149,600	43,500	521,500	※2 565,000	△224,400	191,000
当期末残高	5,262,500	※3 562,500	300,400	862,900	※4 127,150	2,100,000	2,227,150	△224,400	※5 8,128,150

※1　①の金額

※2　⑤の金額

※3　⑥の金額

※4　⑦の金額

※5　⑧の金額

新株予約権

【1】

決算整理後残高試算表　（単位：円）

当座	（ 1,875,000）	（その他資本剰余金）	（ 25,000）
		新株予約権	（ 300,000）

〔解説〕

1．新株予約権発行時

（当　　座）400,000　（新株予約権）400,000※

※　@1,000×400個＝400,000

2．権利行使時の仕訳

（当　　座）375,000※1　（自己株式）450,000※3

（新株予約権）100,000※2　（その他資本剰余金）25,000 貸借差額

※1　1,500,000×25％＝375,000

※2　400,000×25％＝100,000

※3　自己株式の簿価

10 税　　金

【1】

決算整理後残高試算表（単位：千円）

貯蔵品	（500）	未払法人税等	（19,650）
租税公課	（5,600）	受取配当金	（5,000）
法人税等	（60,000）		

〔解説〕（単位：千円）

1. （仮払法人税等）350（受取配当金）350

2.(1)（仮払法人税等）40,000（仮払金）40,000

(2)（租税公課）4,500（仮払金）4,500

3. （貯蔵品）500※（租税公課）500

※　当期末未使用高

4. （法人税等）60,000（仮払法人税等）40,350※
（未払法人税等）19,650（貸借差額）

※　350（上記1.）＋40,000（上記2.(1)）＝40,350

【2】

決算整理後残高試算表（単位：円）

売掛金	（192,500）	買掛金	（192,000）
繰越商品	（40,000）	未払金	（132,000）
備品	（590,000）	未払消費税等	（15,375）
仕入	（700,000）	貸倒引当金	（3,850）
減価償却費	（93,600）	減価償却累計額	（178,200）
貸倒引当金繰入	（550）	売上	（1,043,750）

〔解説〕

1.(1)（仮払消費税等）8,000（買掛金）8,000

① 会社仕訳

（仕入）80,000（買掛金）80,000

② 正しい仕訳

（仕入）80,000（買掛金）88,000

（仮払消費税等）8,000

(2)（買掛金）22,000（仕入）20,000
（仮払消費税等）2,000

(3)（売掛金）48,125（売上）43,750
（仮受消費税等）4,375

(4)（仕入）50,000（繰越商品）50,000
（繰越商品）40,000（仕入）40,000

2.(1) 未処理

（備品）120,000（未払金）132,000

（仮払消費税等）12,000

(2) 減価償却

（減価償却費）93,600※（減価償却累計額）93,600

※① 従来分

$470,000\times0.9\times\frac{1年}{5年}=84,600$

② 新規分

$120,000\times0.9\times\frac{1年}{5年}\times\frac{5ヶ月}{12ヶ月}=9,000$

③ ①＋②＝93,600

3. （貸倒引当金繰入）550※（貸倒引当金）550

※　(144,375＋48,125)×２％－3,300＝550

4. （仮受消費税等）104,375※1（仮払消費税等）89,000※2
（未払消費税等）15,375（貸借差額）

※1　100,000＋4,375＝104,375

※2　71,000＋8,000－2,000＋12,000＝89,000

11 社　債

【1】（仕訳の単位：千円）

問1　利息法

(1)　利払日：X1年9月30日

(社債利息)	※1 2,548	(現金預金)	※2 2,050
		(社　　債)	貸借差額 498

※1　94,370（発行総額）× 5.4%（実効利子率）× $\frac{6ヶ月}{12ヶ月}$ = 2,547.99 → 2,548

※2　100,000（額面総額）× 4.1%（約定利子率）× $\frac{6ヶ月}{12ヶ月}$ = 2,050

(2)　利払日：X2年3月31日

(社債利息)	※1 2,561	(現金預金)	※2 2,050
		(社　　債)	貸借差額 511

※1　(94,370（発行総額）＋ 498（上記(1)）) × 5.4%（実効利子率）× $\frac{6ヶ月}{12ヶ月}$

　　＝2,561.436→2,561

※2　100,000（額面総額）× 4.1%（約定利子率）× $\frac{6ヶ月}{12ヶ月}$ = 2,050

(3)　決算整理仕訳：X2年3月31日

　仕訳なし

問2　定額法

(1)　利払日：X1年9月30日

(社債利息)	※ 2,050	(現金預金)	2,050

※　100,000（額面総額）× 4.1%（約定利子率）× $\frac{6ヶ月}{12ヶ月}$ = 2,050

(2)　利払日：X2年3月31日

(社債利息)	※ 2,050	(現金預金)	2,050

※　100,000（額面総額）× 4.1%（約定利子率）× $\frac{6ヶ月}{12ヶ月}$ = 2,050

(3)　決算整理仕訳：X2年3月31日

(社債利息)	※ 1,126	(社　　債)	1,126

※　(100,000（額面総額）－94,370（発行総額）) × $\frac{12ヶ月}{60ヶ月}$ = 1,126

【2】

決算整理後残高試算表　（単位：円）

社債利息	(31,600)	社　　債	(287,400)
		社債償還益	(600)

〔解説〕

1．利払日の未処理仕訳（9月30日）

(社債利息)	※ 16,250	(現金預金)	16,250

※　500,000×6.5%× $\frac{6ヶ月}{12ヶ月}$ = 16,250

2．買入償還の未処理仕訳

(1)　償却原価法

(社債利息)	※ 1,400	(社　　債)	1,400

※①　472,000（前T/B社債）× $\frac{2,000口}{5,000口}$ = 188,800

　②　500,000（額面総額）× $\frac{2,000口}{5,000口}$ = 200,000

　③　(200,000（上記②）－188,800（上記①）) × $\frac{6ヶ月}{48ヶ月}$ = 1,400

(2)　買入償還

(社　　債)	※1 190,200	(現金預金)	※2 189,600
		(社債償還益)	貸借差額 600

※1　188,800（上記(1)※①）＋ 1,400（上記(1)※③）＝190,200

※2　@94.8（償還額）×2,000口＝189,600

3．利払日の未処理仕訳（3月31日）

(社債利息)	※ 9,750	(現金預金)	9,750

※　300,000×6.5%× $\frac{6ヶ月}{12ヶ月}$ = 9,750

4．決算整理仕訳（償却原価法）

(社債利息)	※ 4,200	(社　　債)	4,200

※(1)　472,000（前T/B社債）－ 188,800（上記2.(1)※①）＝283,200

　(2)　500,000（額面総額）－ 200,000（上記2.(1)※②）＝300,000

　(3)　(300,000（上記(2)）－283,200（上記(1)）) × $\frac{12ヶ月}{48ヶ月}$ = 4,200

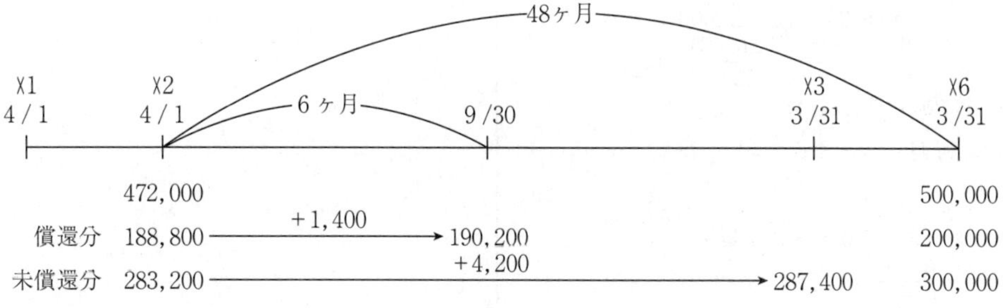

【3】

決算整理後残高試算表　（単位：円）

社債利息	（　46,800）	社　　債	（　488,000）
		社債償還益	（　　900）

〔解説〕

1．買入償還の未処理（9月30日）

(1)　償却原価法

（社債利息）　1,800※　（社　　債）　1,800

※　$(300{,}000 - 289{,}200^{(注)}) \times \dfrac{6ヶ月}{36ヶ月} = 1{,}800$

（注）　$\overset{前T/B社債}{771{,}200} \times \dfrac{3{,}000口}{8{,}000口} = 289{,}200$

(2)　買入償還

（社　　債）　291,000※1　（現金預金）　290,100※2

（社債償還益）　900（貸借差額）

（社債利息）　9,000※3　（現金預金）　9,000

※1　$\overset{上記(1)※(注)}{289{,}200} + \overset{上記(1)※}{1{,}800} = 291{,}000$

※2　$\overset{償還額}{@96.7} \times 3{,}000口 = 290{,}100$

※3　$300{,}000 \times 6\% \times \dfrac{6ヶ月}{12ヶ月} = 9{,}000$

2．決算整理（償却原価法）

（社債利息）　6,000※　（社　　債）　6,000

※　$(500{,}000 - 482{,}000^{(注)}) \times \dfrac{12ヶ月}{36ヶ月} = 6{,}000$

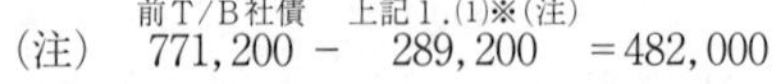

（注）　$\overset{前T/B社債}{771{,}200} - \overset{上記1.(1)※(注)}{289{,}200} = 482{,}000$

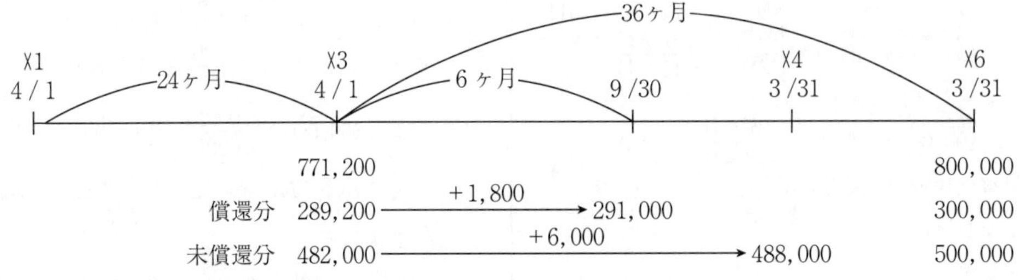

【4】

決算整理後残高試算表（単位：千円）

社債利息	（　16,858）	社　　債	（　189,129）
		社債償還益	（　5,129）

〔解説〕（仕訳の単位：千円）

1．利払日の処理（9月30日）

（社債利息）　8,402※1　（現金預金）　6,000※2

（社　　債）　2,402（貸借差額）

※1　$\overset{(注)}{373{,}400} \times \overset{実効利子率}{4.5\%} \times \dfrac{6ヶ月}{12ヶ月} = 8{,}401.5$

→8,402

（注）(1)　400,000÷@100円＝4,000千口

(2)　@93.35円×4,000千口＝373,400

※2　$\overset{額面総額}{400{,}000} \times \overset{約定利子率}{3\%} \times \dfrac{6ヶ月}{12ヶ月} = 6{,}000$

2．利払日の処理（3月31日）

（社債利息）　8,456※1　（現金預金）　6,000※2

（社　　債）　2,456（貸借差額）

※1　$(\overset{上記1.※1(注)(2)}{373{,}400} + \overset{上記1.}{2{,}402}) \times \overset{実効利子率}{4.5\%}$

$\times \dfrac{6ヶ月}{12ヶ月} = 8{,}455.545 \rightarrow 8{,}456$

※2　$\overset{額面総額}{400{,}000} \times \overset{約定利子率}{3\%} \times \dfrac{6ヶ月}{12ヶ月} = 6{,}000$

3．買入償還の処理（3月31日）

（社　　債）　189,129　（仮払金）　184,000

（社債償還益）　5,129

(1)　会社仕訳

（仮払金）　184,000　（現金預金）　184,000

(2)　正しい仕訳

（社　　債）　189,129※　（現金預金）　184,000

（社債償還益）　5,129（貸借差額）

※　$(\overset{上記1.※1(注)(2)}{373{,}400} + \overset{上記1.}{2{,}402} + \overset{上記2.}{2{,}456}) \times \dfrac{200{,}000}{400{,}000}$

＝189,129

12 新株予約権付社債

【1】（仕訳の単位：千円）

問1 一括法

1.（現金預金） 900,000 （社　　債） 900,000

2. 仕訳なし

3.（社　　債） 180,000 ※1 （資 本 金） 90,000 ※2

（資本準備金） 90,000 ※2

※1 900,000（額面総額）×20%＝180,000

※2 180,000（上記※1）×$\frac{1}{2}$＝90,000

4. 仕訳なし

5. 仕訳なし

問2 区分法

1.（現金預金） 900,000 （社　　債） 855,000（貸借差額）

（新株予約権） 45,000

2.（社債利息） 9,000 ※ （社　　債） 9,000

※ （900,000（額面総額）−855,000（上記1.））×$\frac{12ヶ月}{60ヶ月}$＝9,000

3.（社債利息） 1,050 ※1 （社　　債） 1,050

（社　　債） 173,850 ※2 （資 本 金） 91,425 ※4

（新株予約権） 9,000 ※3 （資本準備金） 91,425 ※4

※1 （180,000（注1）−172,800（注2））×$\frac{7ヶ月}{48ヶ月}$＝1,050

（注1） 900,000（額面総額）×20%＝180,000

（注2） （855,000（上記1.）＋9,000（上記2.））×20%

＝172,800

※2 172,800（上記※1(注2)） ＋ 1,050（上記※1） ＝173,850

※3 45,000×20%＝9,000

※4 （173,850（上記※2）＋ 9,000（上記※3））×$\frac{1}{2}$＝91,425

4.（社債利息） 7,200 ※ （社　　債） 7,200

※ （720,000（注1）−691,200（注2））×$\frac{12ヶ月}{48ヶ月}$＝7,200

（注1） 900,000（額面総額）− 180,000（上記3.※1(注1)） ＝720,000

（注2） （855,000（上記1.）＋9,000（上記2.））− 172,800（上記3.※1(注2)）

＝691,200

5.（新株予約権） 36,000 （新株予約権戻入益） 36,000 ※

※ 45,000− 9,000（上記3.※3） ＝36,000

〔解説〕

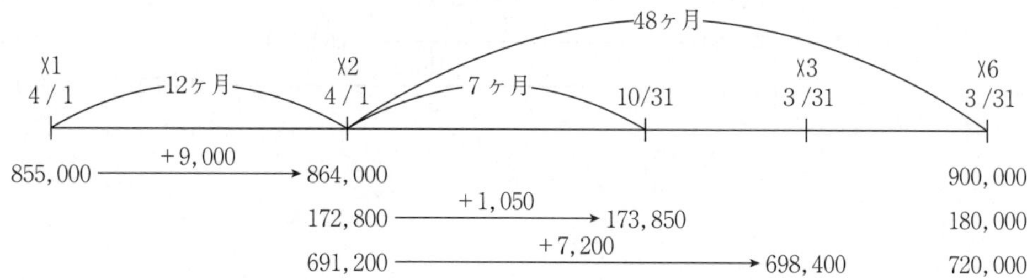

【2】

決算整理後残高試算表（単位：千円）

自己株式	（48,500）	社　　債	（410,760）
社債利息	（6,230）	資 本 金	（5,108,045）
		資本準備金	（2,108,045）
		その他資本剰余金	（604,480）
		新株予約権	（25,200）

〔解説〕（仕訳の単位：千円）

1. 権利行使時（X3年6月30日）

(1) 償却原価法

（社債利息） 630 ※ （社　　債） 630

※ （210,000（注1）−202,860（注2））×$\frac{3ヶ月}{34ヶ月（注3）}$＝630

（注1） 700,000（額面総額）×30%＝210,000

（注2） 676,200（期首T/B社債） ×30%＝202,860

（注3）① （700,000（額面総額）− 658,000（社債の対価））÷60ヶ月

＝ 700（1ヶ月当たりの償却額）

12 新株予約権付社債

期首T/B社債　社債の対価　上記①
② (676,200 − 658,000) ÷ 700
償却済月数
= 26ヶ月

上記②
③ 60ヶ月 − 26ヶ月 = 34ヶ月

(2) 権利行使

	※1		※3
(社　　債)	203,490	(資　本　金)	108,045
	※2		※3
(新株予約権)	12,600	(資本準備金)	108,045

上記(1)※(注2)　上記(1)
※1　202,860 + 630 = 203,490

※2　42,000 × 30% = 12,600

上記※1　上記※2
※3　(203,490 + 12,600) × $\frac{1}{2}$ = 108,045

2．権利行使時(X3年11月30日)

(1) 償却原価法

	※		
(社 債 利 息)	560	(社　　債)	560

(注1)　(注2)
※　(70,000 − 67,620) × $\frac{8ヶ月}{34ヶ月}$ = 560
上記1.(1)※(注3)③

額面総額
(注1)　700,000 × 10% = 70,000
期首T/B社債
(注2)　676,200 × 10% = 67,620

(2) 権利行使

	※1		
(社　　債)	68,180	(自 己 株 式)	67,900
	※2		貸借差額
(新株予約権)	4,200	(その他資本剰余金)	4,480

上記(1)※(注2)　上記(1)
※1　67,620 + 560 = 68,180

※2　42,000 × 10% = 4,200

3．決算整理

	※		
(社 債 利 息)	5,040	(社　　債)	5,040

(注1)　(注2)
※　(420,000 − 405,720) × $\frac{12ヶ月}{34ヶ月}$
上記1.(1)※(注3)③

= 5,040

額面総額　上記1.(1)※(注1)　上記2.(1)※(注1)
(注1)　700,000 − 210,000 − 70,000 = 420,000

期首T/B社債　上記1.(1)※(注2)　上記2.(1)※(注2)
(注2)　676,200 − 202,860 − 67,620 = 405,720

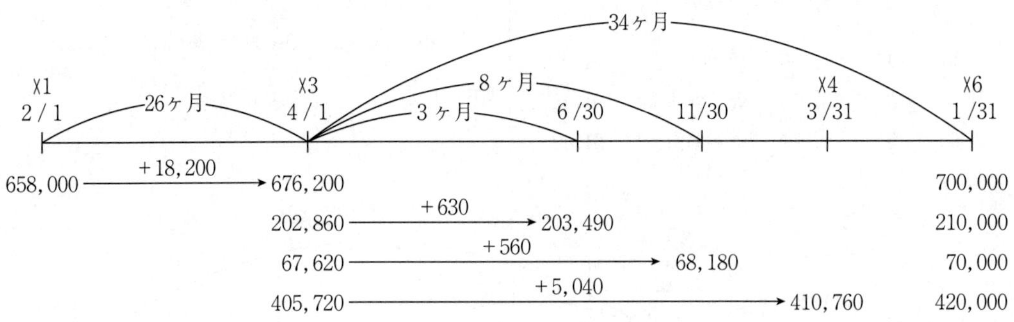

13　税効果会計

【1】（仕訳の単位：千円）

（繰延税金負債）245（法人税等調整額）245
（圧縮積立金）455（繰越利益剰余金）455

〔解説〕

1．減価償却超過額の算定

(1) 会計上の減価償却費

$60,000 \times \frac{1年}{50年} = 1,200$

(2) 税務上の減価償却費

$25,000 \times \frac{1年}{50年} = 500$

(3) 減価償却超過額

1,200（上記(1)）－500（上記(2)）＝700

2．減価償却計算に係る一時差異の解消

（繰延税金負債）245（法人税等調整額）245※

※ 700（上記1.(3)）×35%（法定実効税率）＝245

3．圧縮積立金の取崩額

（圧縮積立金）455（繰越利益剰余金）455※

※ 700（上記1.(3)）×（1－35%（法定実効税率））＝455

【2】

決算整理後残高試算表（単位：千円）

借方科目	金額	貸方科目	金額
受取手形	150,000	貸倒引当金	(8,000)
売掛金	250,000	繰延税金負債	(5,250)
投資有価証券	(430,000)	その他有価証券評価差額金	(3,250)
繰延税金資産	(4,900)	貸倒引当金戻入	(5,000)
貸倒引当金繰入	(8,000)	法人税等調整額	(175)
投資有価証券評価損益	(120,000)		

〔解説〕（仕訳の単位：千円）

1．貸倒引当金に関する事項

（貸倒引当金）2,000（貸倒損失）2,000

① 会社仕訳

（貸倒損失）2,000（売掛金）2,000

② 正しい仕訳

（貸倒引当金）2,000（売掛金）2,000

（貸倒引当金）5,000（貸倒引当金戻入）5,000※

※ 7,000（前T/B貸引）－2,000＝5,000

（貸倒引当金繰入）8,000※（貸倒引当金）8,000

※ (150,000（受取手形）＋250,000（売掛金）)×2％＝8,000

2．その他有価証券に関する事項

(1) 甲社株式

（投資有価証券）15,000※1（繰延税金負債）5,250※2
（その他有価証券評価差額金）9,750（貸借差額）

※1 220,000（時価）－205,000（取得価額）＝15,000
※2 15,000（上記※1）×35%（法定実効税率）＝5,250

(2) 乙社株式

（繰延税金資産）3,500※2（投資有価証券）10,000※1
（その他有価証券評価差額金）6,500（貸借差額）

※1 120,000（取得価額）－110,000（時価）＝10,000
※2 10,000（上記※1）×35%（法定実効税率）＝3,500

(3) 丙社株式

（投資有価証券評価損益）120,000※（投資有価証券）120,000

※ 220,000（取得価額）－100,000（時価）＝120,000

3．税効果会計に関する事項（その他有価証券については上記2．参照）

（繰延税金資産）175（法人税等調整額）175※

※(1) 前T/B繰延税金資産
3,500（貸引繰超）×35%（法定実効税率）＝1,225

(2) 当期末繰延税金資産
4,000（貸引繰超）×35%（法定実効税率）＝1,400

(3) 1,400（上記(2)）－1,225（上記(1)）＝175

【3】

決算整理後残高試算表（単位：千円）

借方科目	金額	貸方科目	金額
売上債権	575,000	未払法人税等	(84,500)
未収金	92,800	貸倒引当金	(11,500)
建物	(298,500)	繰延税金負債	(24,430)
投資有価証券	(800,000)	繰越利益剰余金	(423,230)
繰延税金資産	(525)	圧縮積立金	(25,870)
貸倒引当金繰入	(4,500)	その他有価証券評価差額金	(19,500)
減価償却費	(2,700)	保険差益	(40,000)
法人税等	(177,000)		
法人税等調整額	(13,965)		

〔解説〕（仕訳の単位：千円）

1．貸倒引当金に関する事項

（貸倒引当金繰入） 4,500※ （貸倒引当金） 4,500

※ 575,000（後T/B売上債権）×2％－7,000（前T/B貸倒引当金）＝4,500

2．減価償却に関する事項

(1) 焼失建物

（減価償却費） 1,200 （保険差益） 1,200

① 会社仕訳

（未収金） 92,800 （建物） 54,000

（保険差益） 38,800

② 正しい仕訳

（減価償却費） 1,200※ （建物） 54,000

（未収金） 92,800 （保険差益） 40,000（貸借差額）

※ $180,000 \times \frac{1年}{50年} \times \frac{4ヶ月}{12ヶ月} = 1,200$

(2) 新建物

（減価償却費） 1,500※ （建物） 1,500

※ $300,000 \times \frac{1年}{50年} \times \frac{3ヶ月}{12ヶ月} = 1,500$

3．投資有価証券に関する事項

（投資有価証券） 30,000※1 （繰延税金負債） 10,500※2

（その他有価証券評価差額金） 19,500（貸借差額）

※1 800,000（期末時価）－770,000（前T/B投資有価証券）＝30,000

※2 30,000（上記※1）×35％（法定実効税率）＝10,500

4．法人税等に関する事項

（法人税等） 177,000 （仮払法人税等） 92,500

（未払法人税等） 84,500（貸借差額）

5．税効果会計に関する事項（その他有価証券については上記3．参照）

(1) 将来減算一時差異

（法人税等調整額） 35※ （繰延税金資産） 35

※① 1,500（注）×35％（法定実効税率）＝525

（注）（575,000（後T/B売上債権）×2％）－10,000（貸引限度額）＝1,500

② 560（前T/B繰延税金資産）－525（上記①）＝35

(2) 将来加算一時差異

（法人税等調整額） 13,930※ （繰延税金負債） 13,930

※（40,000（保険差益）－200（圧縮積立金取崩額(注)））×35％（法定実効税率）＝13,930

（注）① 会計上の減価償却費

1,500（上記2.(2)※）

② 税務上の減価償却費

$(300,000 - 40,000) \times \frac{1年}{50年} \times \frac{3ヶ月}{12ヶ月}$

＝1,300

③ 圧縮積立金取崩額

1,500（上記①）－1,300（上記②）＝200

6．圧縮記帳に係る積立金の積立

（繰越利益剰余金） 25,870 （圧縮積立金） 25,870※

※（40,000（保険差益）－200（圧縮積立金取崩額））×（1－35％（法定実効税率））＝25,870

14　外貨建会計

①　期中及び決算時の処理

【1】

1．(前　払　金)1,200,000　(現　　　金)1,200,000
2．(仕　　　入)2,720,000　(前　払　金)1,200,000
　　　　　　　　　　　　　(買　掛　金)1,520,000
3．(売　掛　金)3,576,000　(売　　　上)3,576,000
4．(買　掛　金)1,520,000　(現　　　金)1,480,000
　　　　　　　　　　　　　(為替差損益)　40,000
5．(現　　　金)　724,800　(借　入　金)　755,000
　(支 払 利 息)　30,200
6．(現　　　金)3,528,000　(売　掛　金)3,576,000
　(為替差損益)　48,000
7．(借　入　金)　755,000　(現　　　金)　725,000
　　　　　　　　　　　　　(為替差損益)　30,000

為　替　差　損　益

6.売　掛　金	48,000	4.買　掛　金	40,000
3/31 損　　益	22,000	7.借　入　金	30,000
	70,000		70,000

〔解説〕

1．8,000ドル×150（取引日レート）＝1,200,000（前払金）
2．10,000ドル×152（取引日レート）＝1,520,000（買掛金）
3．24,000ドル×149（取引日レート）＝3,576,000（売掛金）
4．10,000ドル×(152（取引日レート）－148（決済日レート）)
　＝40,000（為替差損益(貸方)）
5．5,000ドル×151（取引日レート）＝755,000（借入金）
6．24,000ドル×(149（取引日レート）－147（決済日レート）)
　＝48,000（為替差損益(借方)）
7．5,000ドル×(151（取引日レート）－145（決済日レート）)
　＝30,000（為替差損益(貸方)）

【2】

決算整理後残高試算表　(単位：円)

現 金 預 金	(877,100)	前　受　金	(14,400)
売　掛　金	(276,600)	借　入　金	(501,000)
(為替差損益)	(1,540)		

〔解説〕

1．現金預金の換算

(1)　外国通貨

(現 金 預 金)　860　(為替差損益)　860

①　55,040（帳簿価額）÷128＝430ドル
②　430ドル×130（決算日レート）－55,040（帳簿価額）＝860(為替差益)

(2)　外貨建定期預金

(現 金 預 金)　10,000　(為替差損益)　10,000

①　250,000（帳簿価額）÷125＝2,000ドル
②　2,000ドル×130（決算日レート）－250,000（帳簿価額）
　＝10,000(為替差益)

2．売掛金の換算

(売　掛　金)　1,600　(為替差損益)　1,600

400ドル×130（決算日レート）－50,400（帳簿価額）＝1,600(為替差益)

3．前受金については換算の必要はない。

4．借入金の換算(C社からの借入金)

(為替差損益)　15,000　(借　入　金)　15,000

(1)　310,000（帳簿価額）÷124＝2,500ドル
(2)　2,500ドル×130（決算日レート）－310,000（帳簿価額）
　＝15,000(為替差損)

【3】

貸　借　対　照　表　(単位：円)

未収有価証券利息	(7,080)	
投資有価証券	(446,040)	
関係会社株式	(542,800)	

損　益　計　算　書　(単位：円)

関係会社株式評価損	(594,200)	有価証券利息	(9,400)
		為 替 差 益	(18,840)

〔解説〕

1．A社株式

(関係会社株式評価損)　94,200※　(関係会社株式)　94,200

※　(1,500ドル×110)（帳簿価額）－(600ドル×118)（時価）＝94,200

2．B社株式

(関係会社株式評価損)　500,000※　(関係会社株式)　500,000

※　(9,000ドル×108)（帳簿価額）－(2,000株×２ドル×118)（実質価額）
　＝500,000

3．C社社債

(1) 有価証券利息

(未収有価証券利息) 7,080※ (有価証券利息) 7,080

※ 4,000ドル×6％×$\frac{3ヶ月}{12ヶ月}$×118＝7,080

(2) 償却原価法

(投資有価証券) 2,320※ (有価証券利息) 2,320

※ (4,000ドル−3,760ドル)×$\frac{3ヶ月}{36ヶ月}$×116
＝2,320

(3) 期末換算

(投資有価証券) 18,840※ (為替差損益) 18,840

※ (3,760ドル＋20ドル)×118−(3,760ドル
×113＋2,320)＝18,840

【4】

(1) 有価証券勘定 441,000円

投資有価証券勘定 675,200円

関係会社株式勘定 624,000円

(2)

貸借対照表 (単位：円)

有価証券	(396,800)	繰延税金負債	(4,200)
投資有価証券	(694,400)	その他有価証券評価差額金	(7,800)
関係会社株式	(624,000)		

損益計算書 (単位：円)

有価証券評価損	(44,200)	為替差益	(7,200)

〔解説〕

1．前T/B有価証券勘定、投資有価証券勘定及び関係会社株式勘定の各金額

(1) A社株式

① 取得時

(投資有価証券) 236,000※ (現金預金) 236,000

※ 2,000ドル×118(X1.12/1レート)＝236,000

② 前期末決算時

(投資有価証券) 8,000※1 (繰延税金負債) 2,800※2
(その他有価証券評価差額金) 5,200 貸借差額

※1 (122−118)×2,000ドル＝8,000

※2 8,000×35％＝2,800

③ 当期首

(繰延税金負債) 2,800 (投資有価証券) 8,000
(その他有価証券評価差額金) 5,200

(2) B社株式

(有価証券) 441,000※ (現金預金) 441,000

※ 3,500ドル×126(X3.2/1レート)＝441,000

(3) C社株式

① 取得時

(関係会社株式) 624,000※ (現金預金) 624,000

※ 4,800ドル×130(X1.5/1レート)＝624,000

② 前期末決算時

関連会社株式のため、決算日レートの換算不要。

(4) D社社債

① 取得時

(投資有価証券) 432,000※ (現金預金) 432,000

※ 3,600ドル×120(X1.4/1レート)＝432,000

② 前期末決算時

(投資有価証券) 7,200※ (為替差損益) 7,200

※ (122−120)×3,600ドル＝7,200

2．決算整理

(1) A社株式

(投資有価証券) 12,000※1 (繰延税金負債) 4,200※2
(その他有価証券評価差額金) 7,800 貸借差額

※1 2,000ドル×124(決算日レート)−236,000(取得価額)＝12,000

※2 12,000×35％＝4,200

(2) B社株式

(有価証券評価損益) 44,200※ (有価証券) 44,200

※ 441,000(取得価額)−3,200ドル(時価)×124(決算日レート)＝44,200

(3) D社社債

(投資有価証券) 7,200※ (為替差損益) 7,200

※ (124−122)×3,600ドル＝7,200

2 為替予約の処理

【1】

貸付日：

(貸付金)1,250,000 (現金)1,250,000※

※ 10,000ドル×125(取引日直物レート)＝1,250,000

予約日：

(為替差損益) 5,000※1 (貸付金) 5,000

(前払費用) 5,000※2 (貸付金) 5,000

※1　（取引日直物レート 125 － 予約日直物レート 124.5）

×10,000ドル＝5,000

※2　（予約日直物レート 124.5 － 予約日先物レート 124）

×10,000ドル＝5,000

決算日：

（為替差損益）　3,000※　（前 払 費 用）　3,000

※　上記.予約日※2 5,000 × 6ヶ月（予約日〜決算日）/10ヶ月（予約日〜決済日）

＝3,000

決済日：

（現　　　金）1,240,000　（貸　付　金）1,240,000※

（為替差損益）　2,000　（前 払 費 用）　2,000

※　10,000ドル×予約日先物レート 124 ＝1,240,000

【2】

予約日：

仕訳なし

貸付日：

（貸　付　金）1,250,000　（現　　　金）1,250,000※

※　10,000ドル×取引日直物レート 125 ＝1,250,000

決算日：

（為替差損益）　20,000※1　（貸　付　金）　20,000

（為 替 予 約）　12,000　（為替差損益）　12,000※2

※1　（取引日直物レート 125 － 決算日直物レート 123）

×10,000ドル＝20,000

※2　（予約日先物レート 124 － 決算日先物レート 122.8）

×10,000ドル＝12,000

決済日：

（現　　　金）1,220,000※1　（貸　付　金）1,230,000

（為替差損益）　貸借差額 10,000

（現　　　金）　20,000※2　（為 替 予 約）　12,000

（為替差損益）　貸借差額 8,000

※1　10,000ドル×決済日直物レート 122 ＝1,220,000

※2　（予約日先物レート 124 － 決済日直物レート 122）

×10,000ドル＝20,000

【3】

①	②	③
前払利息	21,000円	未払利息
④	⑤	⑥
11,440円	4,800円	400円
⑦	⑧	
21,940円	4,200円	

〔解説〕

1．C銀行からの借入

5／1：(処理済)

（現　　　金）242,000　（借　入　金）242,000※1

7／1：(未処理)

直直差額：

（為替差損益）　6,000※2　（借　入　金）　6,000

直先差額：

（借　入　金）　4,000　（前 受 収 益）　4,000※3

3／31：

（前 受 収 益）　3,600　（為替差損益）　3,600※4

（支 払 利 息）　11,440　（未 払 利 息）　11,440※5

※1　2,000ドル×借入日レート(注) 121 ＝242,000

（注）(1)　前T／B借入金 992,000 －6,000ドル ×借入日レート 125 ＝242,000

(2)　上記(1) 242,000÷2,000ドル＝121

※2　2,000ドル×（予約日レート 124 － 借入日レート 121）

＝6,000

※3　2,000ドル×（予約日レート 124 － 予約レート 122）

＝4,000

※4　上記※3 4,000 × 9ヶ月/10ヶ月 ＝3,600

※5　2,000ドル×4.8%× 11ヶ月/12ヶ月 ×決算日レート 130

＝11,440

2．K銀行からの借入

12／1：(処理済)

（現　　　金）貸借差額 718,500　（借　入　金）750,000※1

（支 払 利 息）　31,500※2

2／1：(未処理)

直直差額：

（為替差損益）　6,000※3　（借　入　金）　6,000

直先差額：

(前払費用)　6,000※4　(借入金)　6,000

3/31：

(為替差損益)　1,200※5　(前払費用)　1,200

(前払利息)　21,000※6　(支払利息)　21,000

※1　6,000ドル×125(借入日レート)＝750,000

※2　252ドル×125(借入日レート)＝31,500

※3　6,000ドル×(126(予約日レート)－125(借入日レート))＝6,000

※4　6,000ドル×(127(予約レート(注))－126(予約日レート))＝6,000

(注)(1)　1,006,000(後T/B借入金)－2,000ドル×122(予約レート)＝762,000

(2)　762,000(上記(1))÷6,000ドル＝127

※5　6,000(上記※4)×2ヶ月/10ヶ月＝1,200

※6　31,500(上記※2)×8ヶ月/12ヶ月＝21,000

【4】

問1　112円

問2　12月10日仕入分に係る買掛金の仕訳

(為替差損益)　40　(前払費用)　40

1月20日仕入分に係る買掛金の仕訳

(為替差損益)　90　(買掛金)　90

〔解説〕

1．X1年12月10日仕入分

(1)　仕入時

(仕入)　2,000　(買掛金)　2,000※

※　100×20ドル＝2,000

(2)　予約時

(為替差損益)　100※1　(買掛金)　100

(前払費用)　60※2　(買掛金)　60

※1　(105－100)×20ドル＝100

※2　(108－105)×20ドル＝60

(3)　決算整理仕訳

(為替差損益)　40※　(前払費用)　40

※　60×2ヶ月/3ヶ月＝40

2．X2年1月20日仕入分

(1)　仕入時

(仕入)　1,030　(買掛金)　1,030※

※　103×10ドル＝1,030

(2)　決算整理仕訳

(為替差損益)　90※　(買掛金)　90

※　為替差損益勘定の貸借差額

為替差損益　(単位：円)

1.(2)	100	損益	230
1.(3)	40		
2.(2)	(90)		
	230		230

3．当期末の直物為替レート

(1,030(上記2.(1))＋90(上記2.(2)))÷10ドル＝112

【5】

損益計算書(単位：千円)

期首商品棚卸高	(34,000)	売上高	(756,000)
当期商品仕入高	(457,300)	期末商品棚卸高	37,700
⋮	⋮		
為替差損	(1,240)		

貸借対照表(単位：千円)

⋮	⋮	買掛金	(90,760)
売掛金	(161,000)	⋮	⋮
商品	37,700		
(前払費用)	(330)		

〔解説〕(仕訳の単位は千円)

1．輸出売上の未処理

(売掛金)　36,000※　(売上)　36,000

※　300千ドル×120円＝36,000

2．輸入取引の未処理

2/1：

(仕入)　25,300※　(買掛金)　25,300

※　220千ドル×115円＝25,300

3/1：

直直差額：

(為替差損益)　220※1　(買掛金)　220

直先差額：

(前払費用)　440※2　(買掛金)　440

※1　（3/1レート 116円 － 2/1レート 115円）×220千ドル＝220
※2　（予約レート 118円 － 3/1レート 116円）×220千ドル＝440

3/31：

(為替差損益)	※ 110	(前払費用)	110

※　上記3/1※2 440 ×$\frac{1ヶ月}{4ヶ月}$＝110

【6】

(1)　X2年3月1日（予約日）

仕訳なし

(2)　X2年3月31日（決算日）

(繰延税金資産)	※2 35,000	(為替予約)	※1 100,000
(繰延ヘッジ損益)	貸借差額 65,000		

※1　50,000ドル×（3/1先物相場 110 － 3/31先物相場 108）＝100,000

※2　100,000×35%＝35,000

(3)　X2年5月1日（輸入日）

(仕入)	5,400,000	(買掛金)	※1 5,400,000
(繰延税金資産)	※3 17,500	(為替予約)	※2 50,000
(繰延ヘッジ損益)	貸借差額 32,500		
(仕入)	貸方合計 150,000	(繰延税金資産)	※4 52,500
		(繰延ヘッジ損益)	※5 97,500

※1　50,000ドル× 5/1直物相場 108 ＝5,400,000

※2　50,000ドル×（3/31先物相場 108 － 5/1先物相場 107）＝50,000

※3　50,000×35%＝17,500

※4　35,000＋17,500＝52,500

※5　65,000＋32,500＝97,500

(4)　X2年5月31日（決済日）

(買掛金)	5,400,000	(現金預金)	※1 5,300,000
		(為替差損益)	貸借差額 100,000
(為替予約)	※3 150,000	(現金預金)	※2 200,000
(為替差損益)	貸借差額 50,000		

※1　50,000ドル× 5/31直物相場 106 ＝5,300,000

※2　50,000ドル×（3/1先物相場 110 － 5/31直物相場 106）＝200,000

※3　100,000＋50,000＝150,000

15　特殊商品売買

試用販売

【1】

(1)　決算整理前残高試算表

決算整理前残高試算表　(単位：円)

売掛金	(161,625)	一般売上	(353,125)
繰越商品	(40,000)	試用品売上	(105,000)
仕入	(375,000)	試用仮売上	(28,000)
試用未収金	(28,000)		

(2)　決算整理仕訳

(仕入)	40,000	(繰越商品)	40,000
(繰越商品)	※1 57,500	(仕入)	57,500
(棚卸減耗損)	※2 1,500	(繰越商品)	1,500

※1　$\underset{\text{期末帳簿}}{37,500}+\underset{\text{期末試用未収金}}{28,000}\times\overset{(注)}{\frac{1}{1.4}}=57,500$

(注)　$\frac{\underset{\text{期首T/B繰商}}{40,000}-\underset{\text{前期末実地}}{25,000}}{\underset{\text{期首T/B試・未}}{21,000}}=\frac{1}{1.4}$(試用原価率)

※2　$\underset{\text{期末帳簿}}{37,500}-\underset{\text{期末実地}}{36,000}=1,500$

〔解説〕

期中取引

1.	(仕入)	375,000	(買掛金)	375,000
2.	(試用未収金)	※ 157,500	(試用仮売上)	157,500

※　$112,500\div\frac{1}{1.4}=157,500$

3.	(売掛金)	353,125	(一般売上)	353,125
4.	(売掛金)	105,000	(試用品売上)	105,000
	(試用仮売上)	105,000	(試用未収金)	105,000
5.	(試用仮売上)	45,500	(試用未収金)	45,500
6.	(現金預金)	366,500	(売掛金)	366,500

【2】

(1)　決算整理前残高試算表の金額

①　3,800円

②　11,800円

(2)　決算整理後残高試算表

決算整理後残高試算表　(単位：円)

繰越商品	(1,500)	一般売上	(14,125)
試用品	(800)	試用品売上	4,200
仕入	(14,300)		

〔解説〕

1．決算整理仕訳

(仕入)	1,000	(繰越商品)	1,000
(繰越商品)	1,500	(仕入)	1,500
(仕入)	3,800	(試用品)	3,800
(試用品)	800	(仕入)	800

2．商品ＢＯＸ

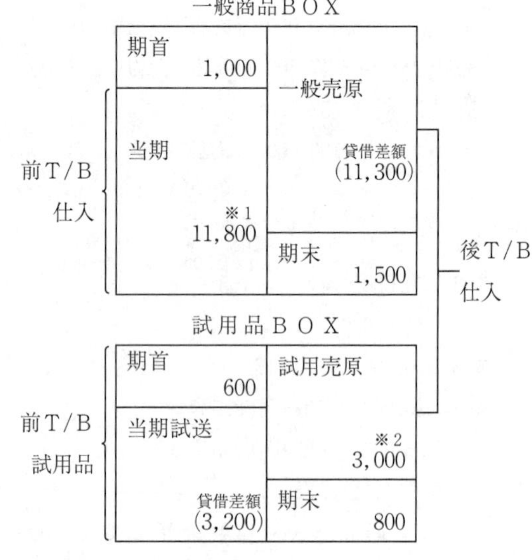

※1　$\underset{\text{総仕入高}}{15,000}-\underset{\text{当期試送}}{3,200}=11,800$

※2　$\underset{\text{後T/B試用売上}}{4,200}\times\frac{1}{1.4}$(試用原価率)$=3,000$

3．決算整理後残高試算表の一般売上の金額

$11,300\div\frac{1}{1.25}$(一般原価率)$=14,125$

【3】

決算整理後残高試算表　(単位：円)

売掛金	(196,500)	一般売上	600,000
繰越商品	(100,200)	試用品売上	(375,000)
仕入	(714,000)	試用仮売上	(14,625)
棚卸減耗損	(1,800)		
試用未収金	(14,625)		

〔解説〕

1．試用販売未処理

3月10日分

（試用仮売上）　4,875　（試用未収金）　4,875

3月14日分

（売　掛　金）　19,500　（試用品売上）　19,500

（試用仮売上）　19,500　（試用未収金）　19,500

2．決算整理仕訳

（仕　　　入）　96,000　（繰 越 商 品）　96,000

（繰 越 商 品）　102,000 ※1　（仕　　　入）　102,000

（棚卸減耗損）　1,800 ※2　（繰 越 商 品）　1,800

※1 (1)　期末手許商品

$$90{,}000 + \underset{\text{試用返品}}{4{,}875} \times \frac{0.8}{1.3}\;(\text{当期試用原価率}) = 93{,}000$$

(2)　期末試用原価

$$(\underset{3/19\text{分}}{7{,}800} + \underset{3/25\text{分}}{6{,}825}) \times \frac{0.8}{1.3}\;(\text{当期試用原価率}) = 9{,}000$$

(3)　(1)＋(2)＝102,000

※2　93,000（上記※1(1)）－91,200（実地原価）＝1,800

【4】

決算整理後残高試算表　（単位：円）

借方	金額	貸方	金額
繰 越 商 品	（ 82,400）	一 般 売 上	406,750
試　用　品	（ 20,000）	試用品売上	204,000
仕　　　入	（ 461,400）		

〔解説〕

1．決算整理仕訳

（仕　　　入）　55,800　（繰 越 商 品）　55,800

（繰 越 商 品）　82,400　（仕　　　入）　82,400

（仕　　　入）　156,000　（試　用　品）　156,000

（試　用　品）　20,000　（仕　　　入）　20,000

2．商品ＢＯＸ

一般商品ＢＯＸ

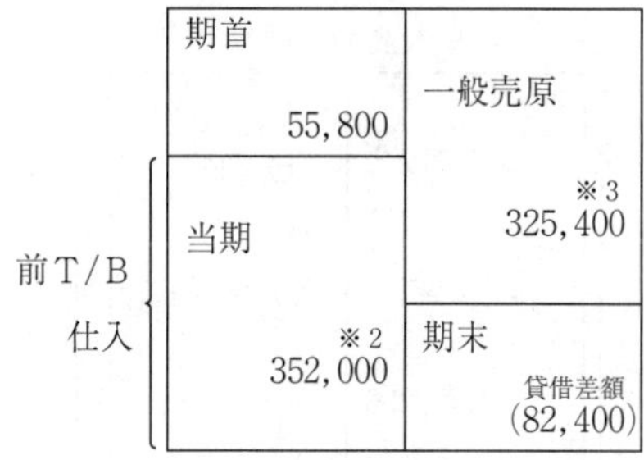

試用品ＢＯＸ

前T/B 試用品	
当期試送 貸方合計 (156,000)	試用売原 ※1 136,000
	期末 20,000

$$\text{※1}\quad \underset{\text{後T/B試用売上}}{204{,}000} \times \frac{1}{1.5}(\text{試用原価率}) = 136{,}000$$

$$\text{※2}\quad \underset{\text{総仕入高}}{508{,}000} - \underset{\text{当期試送}}{156{,}000} = 352{,}000$$

$$\text{※3}\quad \underset{\text{後T/B一般売上}}{406{,}750} \times \frac{1}{1.25}(\text{一般原価率}) = 325{,}400$$

② 委託販売・受託販売

【1】

(1)　決算整理前残高試算表

決算整理前残高試算表　（単位：円）

借方	金額	貸方	金額
繰 越 商 品	（ 172,000）	一 般 売 上	516,000
積　送　品	（ 344,000）	積送品売上	274,000
仕　　　入	（ 447,200）		

(2)　決算整理仕訳

（仕　　　入）　172,000　（繰 越 商 品）　172,000

（繰 越 商 品）　206,400　（仕　　　入）　206,400

（仕　　　入）　344,000　（積　送　品）　344,000

（積　送　品）　138,500　（仕　　　入）　138,500

(3)　決算整理後残高試算表

決算整理後残高試算表　（単位：円）

借方	金額	貸方	金額
繰 越 商 品	（ 206,400）	一 般 売 上	516,000
積　送　品	（ 138,500）	積送品売上	274,000
仕　　　入	（ 618,300）		

〔解説〕

商品ＢＯＸ

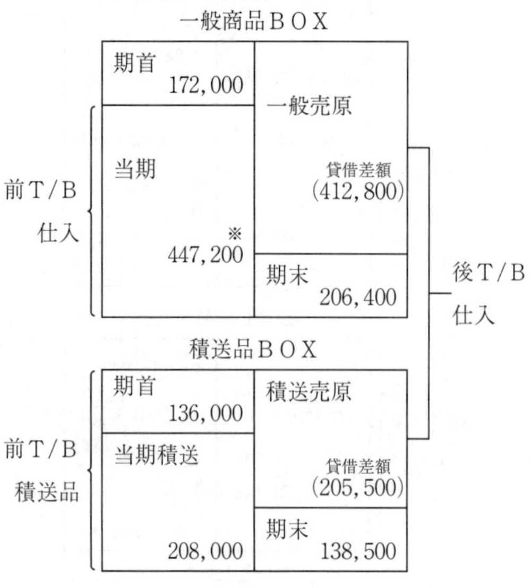

※ 655,200（当期仕入）−208,000（当期積送）＝447,200

【2】

(日付省略)	損	益	
仕　　入	(3,024,000)	一般売上	3,500,000
積送諸掛費	(54,400)	積送品売上	880,000

(日付省略)	残	高	
繰越商品	(650,000)		
繰延積送諸掛	(7,000)		
積送品	(143,500)		

〔解説〕

1．一般販売

(仕　　入)	500,000	(繰越商品)	500,000
(繰越商品)	650,000	(仕　　入)	650,000

2．委託販売

(1) 売上原価の算定

(仕　　入)	717,500	(積送品)	717,500
(積送品)	143,500	(仕　　入)	143,500

(2) 積送諸掛費の整理

(積送諸掛費)	5,000	(繰延積送諸掛)	5,000
(繰延積送諸掛)	7,000	(積送諸掛費)	7,000

3．商品ＢＯＸ

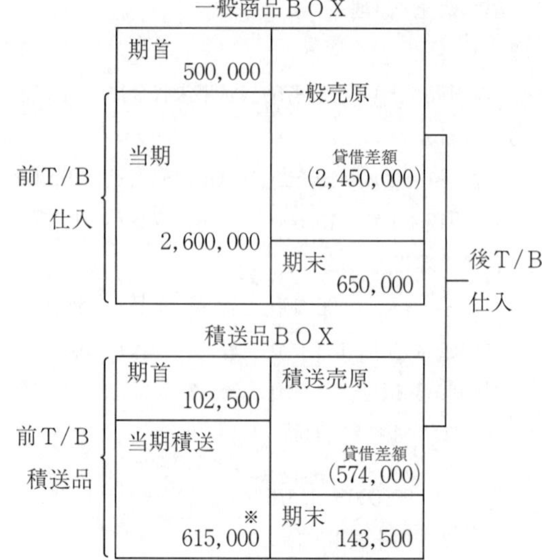

※ 3,200,000（総仕入高）−2,600,000（前Ｔ/Ｂ仕入）＋15,000（発送費）＝615,000

【3】

決算整理後残高試算表　（単位：円）

委託販売	(15,000)	一般売上	(55,500)
繰越商品	(10,300)	積送品売上	(37,700)
積送品	(10,600)		
繰延積送諸掛	(850)		
仕　　入	(73,400)		
積送諸掛費	(4,160)		
棚卸減耗損	(200)		

〔解説〕

1．一般販売の決算整理

(仕　　入)	9,800	(繰越商品)	9,800
(繰越商品)	10,500	(仕　　入)	10,500
(棚卸減耗損)	200	(繰越商品)	200

2．委託販売の売上未処理

(委託販売)	11,015	(積送品売上)	11,700
(積送諸掛費)	685		

3．委託販売の決算整理

(仕　　入)	39,600	(積送品)	39,600
(積送品)	10,600	(仕　　入)	10,600
(積送諸掛費)	575	(繰延積送諸掛)	575
(繰延積送諸掛)	850	(積送諸掛費)	850

4．商品ＢＯＸ

一般商品ＢＯＸ

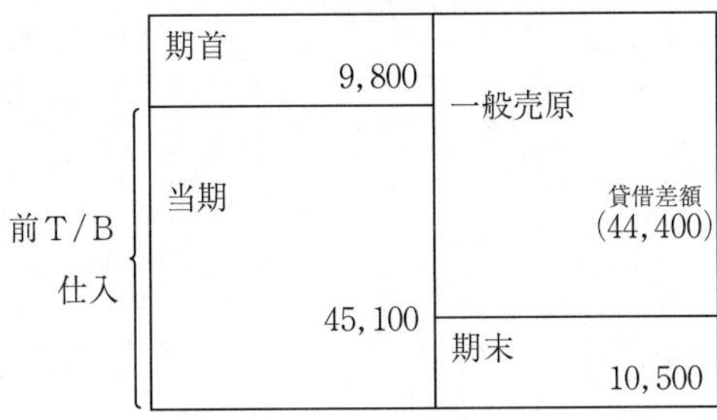

積送品ＢＯＸ

	借方	貸方
前T/B 積送品	期首 7,800	積送売原
	当期積送	貸借差額 (29,000)
	31,800	期末 10,600

【4】

(日付省略)　受　託　販　売

(当座預金)	(2,400)	前期繰越	34,600
(受取手数料)	(8,000)	(当座預金)	(100,000)
(当座預金)	(80,000)		
残　高	(44,200)		
	(134,600)		(134,600)

〔解説〕

1．引取費用等の立替支払額

(受託販売)　2,400　(当座預金)　2,400

2．受託品販売による当座売上金額

(当座預金)　100,000　(受託販売)　100,000

3．受託品販売による受取手数料

(受託販売)　8,000　(受取手数料)　8,000

4．委託者への送金額

(受託販売)　80,000　(当座預金)　80,000

3 割賦販売

【1】

(1)　純額法を採用した場合の決算整理後残高試算表(一部)

決算整理後残高試算表(一部)(単位：円)

割賦売掛金	(1,757,647)	割賦売上	(2,894,952)
		受取利息	(62,695)

(2)　利息未決算勘定を設ける方法を採用した場合の決算整理後残高試算表(一部)

決算整理後残高試算表(一部)(単位：円)

割賦売掛金	(1,800,000)	利息未決算	(42,353)
		割賦売上	(2,894,952)
		受取利息	(62,695)

〔解説〕

1．純額法

(1)　X1年2月1日

(割賦売掛金)2,894,952　(割賦売上)2,894,952※

※①　3,000,000÷5回＝600,000

②　600,000÷1.012＋600,000÷(1.012)^2＋600,000÷(1.012)^3＋600,000÷(1.012)^4＋600,000÷(1.012)^5＝2,894,952.9

→2,894,952

(2)　X1年2月28日

(現金預金)　600,000　(割賦売掛金)　565,261（貸借差額）

(受取利息)　34,739※

※　2,894,952×1.2％＝34,739.4→34,739

(3)　X1年3月31日

(現金預金)　600,000　(割賦売掛金)　572,044（貸借差額）

(受取利息)　27,956※

※　(2,894,952－565,261（上記(2)）)×1.2％＝27,956.2

→27,956

2．利息未決算勘定を設ける方法

(1)　X1年2月1日

(割賦売掛金)3,000,000　(割賦売上)2,894,952（上記1.(1)※）

(利息未決算)　105,048（貸借差額）

(2)　X1年２月28日

（現 金 預 金）	600,000	（割賦売掛金）	600,000
（利息未決算）	34,739	（受 取 利 息）	34,739※

※　2,894,952×1.2％＝34,739.4→34,739

(3)　X1年３月31日

（現 金 預 金）	600,000	（割賦売掛金）	600,000
（利息未決算）	27,956	（受 取 利 息）	27,956※

※　(2,894,952－565,261(注))×1.2％＝27,956.2→27,956

（注）　600,000－34,739(上記(2)※)＝565,261

16　組織再編会計

【1】 仕訳の単位は千円とする。

当社の仕訳

	※		※
（諸　資　産）	675,000	（諸　負　債）	150,000
	貸借差額		
（の　れ　ん）	75,000	（現 金 預 金）	600,000

※　受入れた資産・負債の時価

A社の仕訳

	※		※
（諸　負　債）	150,000	（諸　資　産）	450,000
			貸借差額
（現 金 預 金）	600,000	（移 転 損 益）	300,000

※　譲渡した資産・負債の帳簿価額

【2】 仕訳の単位は千円とする。

	※1		※1
（諸　資　産）	450,000	（諸　負　債）	100,000
	貸借差額		※2
（の　れ　ん）	10,000	（資　本　金）	360,000

※1　受入れた資産・負債の時価

※2　8,000株×@45＝360,000

【3】 仕訳の単位は千円とする。

A社の仕訳

	※2		※1
（投資有価証券）	3,000	（a　事　業）	1,800
			貸借差額
		（移 転 損 益）	1,200

※1　a事業の帳簿価額

※2　B社株式の時価総額

B社の仕訳

	※2		※1
（a　事　業）	2,400	（資　本　金）	3,000
	貸借差額		
（の　れ　ん）	600		

※1　交付株式の時価総額

※2　受入れた資産の時価

【4】 仕訳の単位は千円とする。

A社の仕訳

	※		
（関係会社株式）	4,320	（a　事　業）	4,320

※　a事業の株主資本相当額

B社の仕訳

	※2		※1
（a　事　業）	5,760	（資　本　金）	7,200
	貸借差額		
（の　れ　ん）	1,440		

※1　交付株式の時価総額

※2　受入れた資産の時価

【5】 仕訳の単位は千円とする。

A社の仕訳

			※
（関係会社株式）	600	（資　本　金）	600

※　交付した株式（A社株式）の時価総額（@6×100株＝600）

B社の仕訳

仕訳なし

17　収益認識

【1】

決算整理後残高試算表（単位：千円）

売　掛　金（　243,000）	返金負債（　14,625）
	売　　　上（　277,875）

〔解説〕

（売　　　上）　14,625　（返 金 負 債）　14,625※

※　(300－285)×975個(注)＝14,625

（注）　75個＋90個＋360個＋450個＝975個

【2】　仕訳の単位は千円とする。

製品Xの顧客への移転時

（契 約 資 産）　2,000　（売　　　上）　2,000

製品Yの顧客への移転時

（売　掛　金）　5,000　（売　　　上）　3,000

　　　　　　　　　　　　（契 約 資 産）　2,000

大原は1年でも早い官報合格を応援します!!

時間がない社会人のための講義スタイル!!

1講義60分!時間の達人シリーズ

大原は講義スタイルが選べる!!

プロジェクターを駆使した人気の教室講義に加え、スタジオで専用収録した「時間の達人シリーズ」。時間の達人シリーズは講義時間60分で内容そのまま!時間を有効活用したい方にオススメです!!

時間の達人シリーズ

講義時間60分

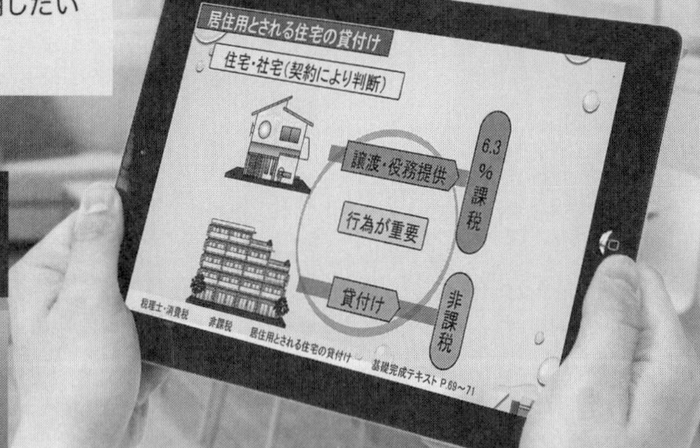

教室講義スタイル

講義時間150分~180分

組み合わせ自由自在!
複数科目が受講しやすく!!

急な仕事や用事で講義を休んでも安心の無料フォローがあります!!

Web講義が標準装備!

いつでもWebで補講を受講!

仕事などのやむを得ない事情で講義を欠席してもWeb講義でペースを乱すことなく、学習を継続することができます。

進化を続ける大原方式

1年でも早く税理士試験の官報合格という夢を叶えていただき、より税理士業界を活性化していくべく大原は進化を続けてまいります。社会の変化に適応した商品開発を行い、今後も数多くの方と税理士試験の官報合格の喜びを分かち合うべく精進致します。

初めて学習される方にオススメ!!

時間の達人Webフォロー

教室講義スタイルに時間の達人Webフォローを追加！

教室講義スタイル

（教室通学・映像通学 Web通信）

＋

時間の達人シリーズ

（Webフォロー）

「予習に」「総復習に」「繁忙期に」使い方いろいろ！学習方法や学習効率が大きく変わります！！

※教室講義スタイルのWeb講義は標準装備されています。

今年も税理士試験官報合格者の半数以上が大原生です!!

■2023年度（第73回）税理士試験 大原生官報合格占有率 （2024年2月10日現在）

53.3%

大原生合格者 **320名** （専門課程 5名を含む）

全国官報合格者 **600名**

※大原生合格者は、全国大原グループにおいて合格するための授業、模擬試験等がすべて含まれたコースで、税理士試験合格に必要な受験科目の半数以上を受講した方を対象としています。
◎資格の大原の合格実績には、公開試験のみの受講生、出版教材のみの購入者、資料請求者、情報提供のみの登録者、無料の役務提供者は一切含まれておりません。

コース一覧

自分の学習レベルや実力アップのプランに合わせた受講コースの設定が必要です。
無理なく効率的なコース選択をしましょう。

5月開講

［2月発刊 税理士パンフレット］

コース		開講科目
初学者一発合格コース	開講科目	簿記・財表

9月開講

［6月発刊 税理士パンフレット］

コース		開講科目
初学者一発合格コース	開講科目	簿記・財表・所得・法人・相続 消費・国徴・住民・事業・固定
経験者年内完結コース 経験者年内完結+完全合格コース	開講科目	簿記・財表・所得・法人・相続 消費
〈時間の達人シリーズ〉 初学者一発合格コース	開講科目	簿記・財表・相続・消費
〈時間の達人シリーズ〉 経験者年内完結コース 経験者年内完結+完全合格コース	開講科目	簿記・財表・法人・相続・消費

1月開講

［11月発刊 税理士パンフレット］

コース		開講科目
初学者短期合格コース	開講科目	簿記・財表・所得・法人・相続・消費 酒税・国徴・住民・事業・固定
経験者完全合格コース	開講科目	簿記・財表・所得・法人・相続 消費
〈時間の達人シリーズ〉 初学者短期合格コース(予定)	開講科目	相続・消費
〈時間の達人シリーズ〉 経験者完全合格コース(予定)	開講科目	簿記・財表・法人・相続・消費

直前対策

［2月発刊（予定）直前対策パンフレット］

コース		開講科目
直前対策パック	開講科目	全11科目
模擬試験パック	開講科目	全11科目
全国統一公開模擬試験	開講科目	全11科目

正誤・法改正に伴う修正について

本書掲載内容に関する正誤・法改正に伴う修正については「資格の大原書籍販売サイト 大原ブックストア」の「正誤・改正情報」よりご確認ください。

https://www.o-harabook.jp/
資格の大原書籍販売サイト 大原ブックストア

正誤表・改正表の掲載がない場合は、書籍名、発行年月日、お名前、ご連絡先を明記の上、下記の方法にてお問い合わせください。

お問い合わせ方法

【郵 送】 〒101-0065 東京都千代田区西神田２-２-10
大原出版株式会社 書籍問い合わせ係
【E-mail】 shopmaster@o-harabook.jp

※お電話によるお問い合わせはお受けできません。
また、内容に関する解説指導・ご質問対応等は行っておりません。
予めご了承ください。

2025年 税理士受験対策シリーズ
簿記論 個別計算問題集

■発行年月日――1999年９月１日 初版発行
2024年５月９日 第26版発行
■著　　者――資格の大原 税理士講座
■発 行 所――大原出版株式会社
〒101－0065 東京都千代田区西神田１－２－10
TEL 03－3292－6654
■印刷・製本――株式会社メディオ

定価は表紙に表示してあります。 ISBN978-4-86783-113-7 C1034